ISABELLA LAUER

Populäre Irrtümer über Katzen

ISABELLA LAUER

Populäre Irrtümer über Katzen

Warum eine Katzenwäsche für die Katz' ist und uns mit Kater der Morgen graut

KOSMOS

Inhalt

Liebe Katzenfreundin, lieber Katzenfreund

Böse Zungen sagen, die Katze an sich sei schon ein Irrtum. Zu nichts nütze außer zum Mäusefangen, und das auch nur, wenn sie Lust dazu hätte. Was wissen die schon über Katzen? Was wissen wir überhaupt wirklich über Katzen, außer dass sich Millionen von ihnen in unseren Wohnungen breitmachen?

Bei genauem Hinsehen wird schon die Bedeutung der Maus weit überschätzt. Moderne Katzen können in ihrer Freizeitgestaltung problemlos die Jagd nach kleinen Nagetieren durch ein Nickerchen auf einem bequemen Sofakissen ersetzen. Natürlich fangen Katzen noch Mäuse, jede Menge und bringen sie zum Beweis sogar mit ins Haus, gerade dorthin, wo wir sie nicht haben wollen. Drinnen vergessen sie dann ihre Maus und wir dürfen diese jagen, fangen und raustragen. Wer macht hier eigentlich wessen Job?

Am Beispiel der Maus erkennen wir, dass Katzen irgendwie doch ganz anders sind, als wir denken. Sogar ihr Ruf der unabhängigen, geheimnisumwitterten Freiheitskämpferin verblasst allmählich. Die reine Wohnungskatze lebt nach der Devise „I'm a lover not a fighter". Sie kommt zum Kuscheln ins Bett und streckt alle Viere genüsslich von sich, lässt sich kraulen, schnurrt wie eine elektrische Zahnbürste und sabbert vor Vergnügen die Bettdecke voll. Dies als „geheimnisumwittert" zu beschreiben, kommt nicht überzeugend rüber. Vielmehr scheint die Tatsache, dass wir Menschen so verrückt nach ihnen sind, noch ein Geheimnis zu bergen.

Vielleicht haben wir uns sogar jahrhundertelang über die Rolle der Katzen an unserer Seite geirrt und sie waren schon immer nur dazu geschaffen, uns als Schmusepartner zu dienen? Und Geliebte, Freundin, Partnerin, Kind- oder sogar Hundersatz zu sein, ist eindeutig ein Bedeutungswandel gegenüber den früheren Katzenrollen als Hexen, Götterlieblinge und Mäusedienstlern.
Der Wandel vollzieht sich in allen Kontinenten, in allen Ländern, die reich genug sind, neben ihren Kindern auch noch Katzen durchzufüttern. Jetzt, da wir Katzen so hautnah erleben, entdecken wir immer wieder Neues an ihnen. So können wir nur ahnen, was noch auf uns zukommt und schon jetzt erweisen sich beim genauen Hinsehen viele Ansichten über sie als gar nicht mehr wirklich zutreffend. Sogar ein liebesblinder Katzenfreund merkt das hin und wieder und denkt sich: Das kann doch nicht wahr sein! Zum Beispiel, wenn er am Tag 20-mal aufspringt, nur um seine Katze raus oder rein zu lassen, oder ihr diesen oder jenen Wunsch zu erfüllen, da denkt er insgeheim, wie viel bequemer er's doch jetzt mit einem Hund haben könnte.

Den Löwenanteil bekommen die Großen

Katzbuckeln, Katzenwäsche und andere Gemeinheiten, die am Image der Hauskatzen kratzen

Mit Katzenredensarten kann man einen fiesen Charakter rundum beschreiben, ohne dass man irgendeine niederträchtige Eigenschaft auslassen müsste. Es fällt einem schon gar nicht mehr auf, wenn einer die Katze aus dem Sack lässt, wenn alles für die Katz' ist oder man einen Kater hat. Unsere heutigen Katzen brauchen sich davon eigentlich gar nicht betroffen zu fühlen: Denn entweder gehen diese Sprüche auf Schandtaten von uns Menschen zurück oder man hat das Katzenverhalten einfach falsch interpretiert.

Die Katze lässt das Mausen nicht. Viele Leute halten die Katzen für genauso überflüssig wie Stechmücken. Dabei übersehen sie ganz, dass Katzen für uns wenigstens eine wichtige Funktion haben, nämlich die als Sündenbock für alles. Sie dienen als schlechtes Beispiel, als Spottfigur, als Stellvertreter für das fiese Pack dieser Welt, schlicht als Verkörperung der meisten negativen Eigenschaften, mit denen wir nichts zu tun haben wollen.

Dass die Redensarten ungerecht bis unsinnig sind, fällt uns kaum noch auf, so sehr sind wir dran gewöhnt. Wir sagen „Die Katze lässt das Mausen nicht" und meinen damit, sie seien einfach unverbesserlich und unbelehrbar. Dabei kann eine normale Katze den Mäusefang nicht einfach lassen, immerhin erhält die Beute sie am Leben. Nie würde man sagen: Der Hund lässt das Jagen nicht. Jeder weiß, dass das ein Instinkt ist und das Tier nur seinem Selbsterhaltungstrieb nachkommt. Was die Katze angeht, wird hier eine Selbstverständlichkeit zur Redensart, um Unverbesserlichkeit einer schlechten Person anzuprangern. Jeder weiß, dass man damit sagen will: „Da ist jemand unbelehrbar, rückfällig, charakterschwach und recht disziplinlos".

Aber warum man ausgerechnet von der Katze erwartet, dass sie ihren Selbsterhaltungstrieb verleugnen sollte, ist wiederum nur erklärbar aus der früheren Verachtung, die unsere Vorfahren für alles Feline hatten. Ähnlich verhält es sich mit der Redensart *„Wie die Katze um den heißen Brei herumschleichen"*, was bedeutet, dass einer unentschlossen ist und nicht zur Sache kommt. Warum gerade die Katze? Ein Hund würde sich auch nicht absichtlich die Schnauze verbrennen, und wenn doch: Warum ist das dann eine Redensart mit negativem Touch, wo doch die Katze nur Klugheit zeigt, indem sie so lange herumschleicht, bis er endlich nicht mehr zu heiß zum Essen ist?

Löwenmut tut Katzen gut.

Je kleiner, desto feiger wird sie. Gerade den kleinen Katzen konnte man früher nicht viel Positives abgewinnen. Kaum etwas findet sich in einer freundlichen Redensart wieder. Großen Katzen, und damit sind keine stämmigen Hauskatzen gemeint, sondern wirkliche Großkatzen wie Löwen und Tiger, brachte man wenigstens Respekt entgegen. Im *Löwenmut* zeigt sich dieser Respekt und auch im *Löwenanteil*. Es ist erst einige Jahrzehnte her, da bekam der Autofahrer an manchen Tankstellen einen Tiger in den Tank, obwohl eine Katze immerhin leichter vorstellbar gewesen wäre. „Da schnurrt der Motor wie von selbst" – so hätte es auch heißen können, aber – Fehlanzeige. Und so zieht sich das Prinzip je größer, desto Respekt einflößender durch die felide Verwandtschaft: Senioren schließen sich politisch zu „Grauen Panthern" zusammen. Warum nicht „Graue Katzen"? Vermutlich, weil das schon wieder so umnachtet klingt. In der Nacht sind alle Katzen grau, nicht wahr? Panzer heißen „Leopard", Autos „Jaguar" und Sportartikel „Puma". Kraft, Schnelligkeit und Stärke vermitteln sie. Dabei haben auch Katzen ihre positiven Seiten. Ausdauer zum Beispiel. Wie ausdauernd sie vor dem Mauseloch sitzen können, hat die Autowerbung noch nicht entdeckt, zum Beispiel fürs ideale Staufahrzeug.

Stubentiger und Katzitatzi. Der gute Ruf der großen, gefährlichen Verwandtschaft färbt auf die kleinen Katzenverwandten überhaupt nicht ab. Der Versuch, ihr mit dem Wort „Stubentiger" etwas mehr Größe und Würde zu verleihen, wertet genauso wenig auf, wie der „Salonlöwe" einen Partyhengst. Und um dem noch eins draufzusetzen, wird die Katze sprachlich noch aufgewertet durch die „Tigerkatze", was sich nur auf die Gestreiften bezieht, während sich das Wort „Stubentiger" eher auf das Herumstreifen bezieht. Von eigener Größe nichts zu finden.
Und umgekehrt muss sich ein Tiger als Kätzchen verspotten lassen. „Ohhhhhh, armes Tigerkatzitatzi!" Wer den Film Ice Age kennt, weiß auch, dass Sid, das Faultier, sich über den Säbelzahntiger „Diego" lustig macht. Einen Tiger als Katzi zu verhöhnen, bei seiner Größe, wie beleidigend!
In England regnet es sogar „Cats and Dogs", also Katzen und Hunde. Das kann einem Katzenfreund ja die Petersilie verhageln!

Abgeluchst. Der Luchs ist zwar im Vergleich zur Hauskatze noch groß, aber doch ist er keine Großkatze mehr. Und das merkt man auch direkt an den Ausdrücken, zu denen er uns animiert: Wer „Augen wie ein Luchs" hat, gewinnt ihm etwas Positives ab. Aber wem etwas abgeluchst wurde, der ärgert sich hinterher, dass er's jetzt los ist. Nicht groß, nicht klein – nicht edel, ein bisschen gemein. Und der Trend setzt sich fort. Gelangt man dann

bei den Kleinsten an, bleibt vom heldenhaften Löwenmut sprachlich nichts mehr übrig. Und die Katzen können direkt froh sein, dass es für sie wenigstens ein paar Kosenamen gibt: Mietze, Pussy, Muschi, Minka – alle lieb gemeint, aber auch erst neueren Datums.
Unsere Vorfahren hier im europäischen Raum konnten fast nichts Erfreuliches an einer Katze entdecken, außer vielleicht ihren Fähigkeiten als Mäusefänger ihrem rheumatherapeutisch nützlichen Fell. Aber das ist ja nicht gemeint, sondern höchstens gemein. Frühere Generationen strickten jahrhundertelang am Ruf der falschen Katze und ihrem scheinbar flüchtigen, mickrigen oder unscheinbaren Wesen, das wohl nur durch eine Unaufmerksamkeit des Schicksals mit dem Löwen verwandt sein konnte. Umso erstaunlicher ist es, dass sich das Image dieser „kratzbürstigen Drecksviecher" von einst so wandeln konnte, dass wir sie als liebevolle, zärtliche, wundervolle, elegante Geschöpfe erleben und lieben.

Nur ein Katzensprung.

Er hat den Ruf, nur ein unbedeutender Hopser zu sein. Das Ziel ist nicht weit weg, also kurz genug, dass jeder da mal schnell hin springen kann. Wir Menschen sind schon gelegentlich komisch: Wie kommt ausgerechnet der Sprung einer Katze in den Ruf, unbedeutend zu sein? Er ist doch ein Wunderwerk an Präzision und im Verhältnis zur Größe der Katze erstaunlich weit. Sie kann aus dem Stand ein Vielfaches ihrer Körperhöhe nach oben springen, manche schnellen problemlos mehr als einen Meter hoch, das wäre gerade so, als ob ein Mensch aus dem Stand aufs Hausdach springen könnte. Aber trotzdem lästern wir über den Katzensprung. Dabei können Hunde auch nicht besser springen und Kaninchen, Hamster oder Meerschweinchen würden sich sogar noch mehr anbieten. „Das ist nur einen Hamstersprung entfernt". Da würde man verstehen – das kann wirklich nicht weit weg sein.

„Dann doch lieber Katzenwäsche ...“

Mit Katzenwäsche sauber durchs Leben. „Und keine Katzenwäsche!“ ermahnen schon Generationen von Müttern ihre Kinder, weil sie wissen, dass diese sich einer Trockenwäsche unterziehen, wenn sie ohne Aufsicht im Bad allein gelassen sind. Das Wasserrauschen hat, sofern es überhaupt zu hören ist, häufig keinen reinigenden, sondern allenfalls experimentellen Charakter, sogar oder besonders im Zusammentreffen mit Seife. Ist eine Flasche Flüssigseife verbraucht, hat der Nachwuchs vermutlich nur ausprobiert, wie viel Schaum man daraus machen kann, eine eigene körperliche Erfahrung vermeidend.

Somit sind Kinder tatsächlich Katzen ziemlich ähnlich: Mit Wasser und Schaum zu spielen, macht Spaß, eingeseift zu werden weniger. Nur ist die „Trockenwäsche" der Katze eben nicht ganz trocken. Eine Katze leckt sich an einigen Stellen so intensiv, dass dort sogar eine nasse Stelle entsteht. Hinter den Ohren hat sie zwar ein Problem. Aber sie leckt sich die Pfote nass und wäscht und wäscht, immer und immer wieder, bis sie sauber ist. Hätte derjenige, der als Erster einmal „die Katzenwäsche" als flüchtige Reinigung ins Spiel brachte, doch nur einmal genau beobachtet, wie aufwendig eine Katzenwäsche ist! Heute weiß jedes Kind, dass sich Katzen ausgiebig putzen und sich dabei so konzentrieren, dass man sie während ihrer Toilette auch nicht stören darf.

Der katzbuckelt. Das sagt man heute nicht mehr häufig, aber viele wissen noch, was damit gemeint ist. Über Leute, die kein Rückgrat haben, die sich servil anbiedern, sagt man, sie „katzbuckeln". „So ein Schleimer!" würden das Jugendliche heute katzenfrei ausdrücken. Und das trifft es sicher besser, denn eine solche Unterwürfigkeit gibt es bei Katzen nicht und schon gar nicht im Zusammenhang mit ihrem Buckel. Den sieht man als Streckbuckel, wenn sich eine Katze nach einem Schläfchen genüsslich reckt. Noch weniger unterwürfig ist der Drohbuckel mit seinem gesträubten Fell. Der ist alles andere als Katzbuckeln. Und wer das falsch versteht, bekommt ziemlich blitzartig Nachhilfe mit ausgefahrenen Krallen.

Die Katze im Sack. Selbst schuld, bekommt der zu hören, der sich hereinlegen oder eine Mogelpackung andrehen lässt. *Die Katze im Sack zu kaufen* ist genauso unrühmlich, wie einen Klumpen *Katzengold* angedreht zu bekommen. Es ist nicht, was es scheint. Und so muss der, der die Katze im Sack gekauft hat,

„Katzbuckeln,
das kannst du!"

die Schadenfreude gleich mit in Kauf nehmen. Warum guckt er auch nicht nach, was er im Sack mitgenommen hat? Das Sprichwort kennt jeder, versteht jeder, doch was hat eigentlich die Katze darin verloren? Warum muss ausgerechnet sie die falsche Ware sein und die Rolle des ungeliebten Wegwerfgegenstands spielen?
Heute kann alles Mögliche im Sack stecken, nur eine Katze ist kaum drin. Nicht einmal ein Sack ist mit im Spiel, denn heute wird nur noch wenig in blickdichten Säcken verkauft. Soweit hat sich die Redensart schon von ihrem Ursprung entfernt! Was sollte aber damals eigentlich wirklich im Sack sein?

Früher betrog wohl so mancher Viehhändler seine Kundschaft, indem er in einem unbemerkten Moment statt des bestellten Kaninchens oder Ferkels eine Katze in den Sack stopfte. Und war der Kunde zu gutgläubig und versäumte, den Sack zu kontrollieren, erlebte er die böse Überraschung, die sich bis heute in der Redensart erhalten hat, auch ganz ohne Beteiligung von Katzen und Säcken.
Von der Größe und dem Gezappel her konnte eine Katze als Kaninchen durchgehen. Kaninchen können allerdings nicht miauen, aber das muss man als Käufer natürlich wissen. Und da nur der die Katze im Sack kauft, der gutgläubig, vertrauensselig und unvorsichtig obendrein ist, gilt er auch als dumm genug, dass ihm ein cleverer Betrüger alles weismachen kann, vielleicht sogar dass Kaninchen miauen und Ferkel fauchen können.
Katzen selbst hat man nicht verkauft, sondern verschenkt, zumindest die meiste Zeit vor 1900. Zu den Zeiten, als man sie ohne Skrupel in einen Sack stopfte, um andere Leute zu betrügen, galten Katzen als wertlose Geschöpfe, für die zu bezahlen keiner bereit war. Viel eher wurden die Katzen im Sack ertränkt.

Die Katze aus dem Sack lassen.

Das ist das Ende der Geheimniskrämerei. Es ist des Sprichworts zweiter Teil. Allerdings ändert sich jetzt der Blickwinkel. Nicht der Betrogene lässt zu Hause die Katze aus dem Sack, sondern – um im historischen Beispiel zu bleiben – der Betrüger, für den Fall, dass er dem Kunden doch keine Katze im Sack andrehen konnte. Da lässt er sie eben selbst wieder heraus und jeder kann jetzt die Wahrheit erkennen. Wenn wir heute sagen, dass einer endlich die Katze aus dem Sack lässt, befreit er keine Katze, sondern sich selbst von der Last einer bisher geheim gehaltenen Wahrheit. Wörtlich nehmen kann man einen solchen Spruch von Leuten, die im Tierschutz arbeiten, denn es kommt ja leider durchaus noch vor, dass vor dem Tor ein

Die Katze aus dem Sack

Sack mit Katzen zu finden ist. Das Geheimnis, das sich hinter solchen Katzen verbirgt, ist damit jedoch noch lange nicht gelüftet, indem man sie aus dem Sack lässt.

Katz' und Maus spielen. Manche Maus, die zwar gefangen, doch von der Katze verschont wurde, könnte ihren Enkeln die große Abenteuergeschichte erzählen von dem Tag, an dem sie die Katze besiegte. Alles Mäuselatein oder doch nicht? So sicher kann man hier gar nicht sein, denn manche Maus wehrt sich buchstäblich verbissen und hat dann den Überraschungseffekt auf ihrer Seite. Keine Katze würde das zugeben, von einer Maus aus dem Tritt gebracht worden zu sein. Daraus kann das Katz'-und-Maus-Spiel werden oder die abgespeckte Variante davon, nämlich dass die Katze eine Zeit lang vor der Maus sitzt, die sich ruhig verhält oder tatsächlich zwickt, wenn die Katzenpfote ihr zu nah kommt und sie daran hindert wegzulaufen. Was in der Katze wirklich vorgeht, bleibt ein Stück Spekulation. Aber Katzenforscher Paul Leyhausen

Maus, ich ärgere dich

hat bei umfangreichen Studien zum Jagdverhalten der Katzen ein derart unschlüssiges Verhalten der Katzen auch beobachten können, als sie eine Beute präsentiert bekamen, die eine Nummer zu groß für sie war, eine Ratte etwa. Die schlechte Erfahrung mit dieser ließ die Katzen vorsichtig taktieren. Ganz ablassen konnten sie dennoch nicht von ihr.

Für uns Menschen sieht es so aus, als ob sie ein gar grausames Spiel mit ihrer Beute treibt und sie zu Tode quält, nur um sich ein bisschen zu vergnügen. So sehen wir dieses Verhalten und übertragen es auf einen Menschen, der sadistisch veranlagt ist und mit seinem Opfer ein übles Spiel spielt, der aus einer Überlegenheit heraus den anderen quälen kann. Der spielt mit einem Katz und Maus, sagen wir dann.

Wäre die Katze ein Mensch, wäre das tatsächlich ein schlimmes Verhalten. Tieren böse Absicht zu unterstellen, trifft nur nicht das Wesen eines Tieres und erst recht nicht, wenn es sich um ein weitgehend vom Instinkt gesteuertes Verhalten wie den Beutefang handelt. Irgendetwas hält die Katze davon ab, die Maus zu töten. Aber laufen lassen kann sie diese auch nicht. So packt sie zu, lässt los, fängt sie wieder ... Nur eines ist gewiss: Ein Mangel an Hunger oder Appetit kann nicht die Ursache sein, denn, wenn man in dieser Situation in die Küche geht und mit dem Lieblingsfutter herumklappert, dann kommt die Katze fast hundertprozentig angesaust, um sich den Bauch vollzuschlagen. Das befreit sie auch aus der „Soll ich – soll ich nicht"-Situation. Erst einmal was fressen. Die Maus kann ja warten. Tut sie nur nicht.

Das ist für die Katz'. Würde die Katz' alles bekommen, was „für die Katz'" ist, dann wüsste sie gar nicht wohin mit all dem Müll. Denn alles, was so sprichwörtlich für die Katz' ist, das taugt nicht viel. Das ist vergebens. Warum das so ist, geht auf eine alte Redensart zurück aus den Zeiten, als das Katzenfutter noch lange nicht erfunden war und Katzen, ebenso wie Hunde von dem ernährt wurden, was bei Tisch oder in der Küche übrig blieb. Was keiner mehr essen wollte, das war für die Katz': „Was einer spart mit dem Mund, ist für Katze und Hund." Heute bekommen viele Katzen nur noch vom Feinsten. Bestes Futter und edles Zubehör, Luxus-Halsbänder und eigene Sofas. Das mag alles für die Katz' sein, vielleicht sogar vergeblich, aber mit Sicherheit nicht umsonst.

Das trägt die Katze auf dem Schwanz fort. In Hungerzeiten war das, was für die Katz' war, nicht viel. Die wenigen Krümel hätte sie tatsächlich glatt mit dem Schwanz forttragen können. Den Hunden ging es dann auch nicht besser, deshalb gibt es von der Redensart auch die hündische Variante „Das trägt der Hund auf dem Schwanz weg". Heute meint man damit einfach nur noch: Das ist wenig. Das bisschen lohnt die Mühe nicht. Das ist für'n hohlen Zahn. Es stimmt zwar, dass eine Katze nicht viel auf dem Schwanz tragen könnte, genau genommen so gut wie gar nichts, doch was hier nicht stimmt, ist der Zusammenhang mit der Katze überhaupt. Diese bekommt heute genug Futter und bei manchen Haltern sogar so viel, dass sie eigentlich froh sein muss, wenn sie es wenigstens im Bauch davontragen kann.

Erst leckt sie, dann krallt sie. Das gibt es tatsächlich, aber nicht ohne Vorwarnung. Doch die ignoriert oder übersieht der Mensch allzu leicht und beschimpft die Katze dann ganz zu Unrecht als unberechenbar und falsch. Eine Katze sendet nämlich immer Warnzeichen aus, solche nach Katzenart, nur sind diese manchmal für uns Menschen nicht rechtzeitig erkennbar. Für Katzen schon. Sie interpretieren dezente Pfoten-Weg-Warnhinweise ganz leicht, zumal sich die meisten Katzen ohnehin nur selten und zurückhaltend berühren, abgesehen vom Aneinandergekuschelt-Einschlafen. Wir Menschen, gewohnt, uns mit hörbarer Sprache zu verständigen, gucken ohnehin nicht so genau hin wie Katzen, die auf Körpersprache programmiert sind. Und so spannt es nicht jeder Mensch, rechtzeitig seine Finger in Sicherheit zu bringen, bevor ein Hagel von Kratzenkrallen auf ihn niederprasselt.
Dann passiert das Unvermeidliche – und die Angreiferin wird als falsches Biest beschimpft. So war es früher und ist es auch heute noch häufig. In Wirklichkeit ist es normal, weil eine Katze, die ihre Ruhe haben möchte, dann nach einigen Warnsignalen sogar eine liebevoll streichelnde Hand loswerden will. Heute würde ein Therapeut dies vielleicht als „neurotisch-aggressive Verhaltensstörung im Kontext einer emotional-sozialen Interaktion innerhalb einer beste-

henden positiven Mensch-Tier-Beziehung“ oder so ähnlich bezeichnen.

Dass man früher nicht draufkam, der Fehler könne vielleicht bei uns liegen und nicht bei der Katze, lag daran, dass ein einfach gestrickter Landarbeiter gar nicht in der Lage war, ein so kompliziertes Wesen zu verstehen. Er fühlte in sich vielmehr die gleichen Gefühle von Ratlosigkeit und Unbehagen hochsteigen wie beim ebenso vergeblichen Versuch, eine Frau zu verstehen.

So hat auch die Redensart „Erst schmeicheln, dann kratzen, das schickt sich für Katzen“ den doppelten Gebrauchswert. Auch ihre Brut bleibt nicht davon verschont: „Wie das Kätzchen so die Katze“, hat einen deutlich negativeren Klang als: „Der Apfel fällt nicht weit vom Stamm“, ein Sprichwort, das auch positive Eigenschaften einschließt. Bei Katzen gibt's das nicht: Sie sind schlecht in ihrer Wesensart, glaubte man früher. Und darin sind sie alle gleich. Eine ist so schlecht wie die andre und eigentlich sind auch die Kater nicht davon verschont: „Ein Kater schnurrt wie der andere.“ Aber es geht noch schlimmer: „Pferdehufen, Katzenklauen und Spielerhänden ist nicht zu trauen.“

Einen Kater haben.

Für das Elend nach einer durchzechten Nacht ist nur das männliche Geschlecht verantwortlich. Selten genug, dass sich Frauen so schön aus der Affäre ziehen können. Aber in dem Fall sind sie wirklich fein raus: „Eine Katze haben“ ist unmissverständlich lebendig, während, der, der einen Kater hat, sich mehr tot als lebendig fühlen mag. Warum, ist nicht ganz geklärt. Es gibt nämlich mehrere Deutungen. Wikipedia schreibt dazu nur: „Das Wort „Kater“ stammt ursprünglich aus der studentischen Umgangssprache des 19. Jahrhunderts und ist scherzhaft abgeleitet von Katarrh.“ Näheres dazu steht in Friedrich Kluges „Etymologisches Wörterbuch der deutschen Sprache“. Der „Kater“

sei in Leipziger Studentenkreisen aufgekommen, wo ein Bier namens „Kater“ beliebt war. „Denn es kratzet dem Menschen im Kopfe, der davon zuviel getrunken hat …“ Die lautliche Nähe des Wortes Katarrh habe allenfalls eine verstärkende Rolle gespielt.
Nicht vergessen darf man, dass der Begriff „Katzenjammer“ nicht nur das Gleiche ausdrückt, sondern noch älter ist und seine eigene Deutung hat. Es soll ursprünglich „Kotzenjammer“ geheißen haben, was das Krankheitsbild durchaus treffend beschreibt, wenn man mal einen unbehaglichen Blick auf die Symptomatik wirft. Bekanntester Spruch dazu: „Raum ist in der kleinsten Kammer für den größten Katzenjammer.“

Was für uns ein „Kater“, ist für Briten ein „Hangover“.

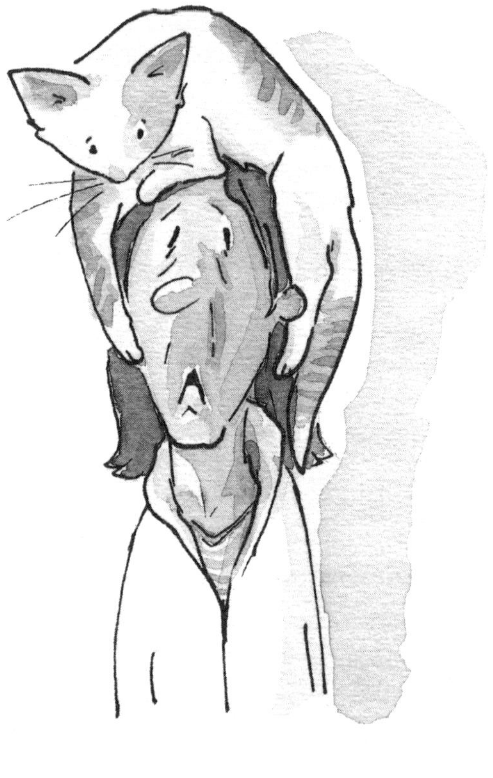

Wer braucht schon einen Muskelkater?

Von einem Muskelkater geplagt sein. Noch eine Unbill, die der männlichen Seite der Katzen (und nur dieser) angelastet wird, ist der Muskelkater. In Ulrich Klevers Katzenbuch kann man lesen, dass der Begriff um das Jahr 1930 auftaucht, wobei Klever wiederum das Katzenwörterbuch von Gerhard Waeger zitierte, dem einst aufgefallen war, dass Muskel lateinisch musculus heißt, was ebenso Mäuschen bedeutet. Die Katze macht's der Maus schwer – der Kater den Muskeln ... Der Begriff des Muskelkaters ist wohl kaum erklärungsbedürftig, höchstens für einen Ausländer, vor dessen geistigen Auge vielleicht ein kräftig bemuskelter Kater erscheint. Katzenfreaks aus den USA erwarten vielleicht sogar einen bodygestylten Kater. Aber sicher hält man die Deutschen nicht für verrückt genug, Fitness-Studios für Katzen zu haben und Kater auch noch dorthin zu schicken.

In der Nacht sind auch schwarze Katzen grau

Warum eine bunte Katze nicht wie ein bunter Hund bekannt ist und Katzengold einen Schein hat, der trügt

Schwarze Katzen sind im Volksmund so bekannt wie der sprichwörtliche bunte Hund. Keine Fellfarbe weckt so starke Emotionen, so große Ängste und ruft so heftige Reaktionen hervor. Noch heute bekreuzigen sich Leute auf der Straße, wenn ihnen eine schwarze Katze von links nach rechts über die Straße läuft, andere, wenn die Katze von rechts nach links läuft. Wieder andere bekommen allein beim Anblick einer schwarzen Katze einen solchen Schrecken, dass sie mit ihrem Auto an den nächsten Gartenzaun fahren und sagen: „Das musste ja so kommen! Die schwarze Katze ...!“ Zum Glück aber hält das Pech nur tagsüber an. Denn man weiß ja:

In der Nacht sind alle Katzen grau. Und deshalb kann man sich auch gut unerkannt davonschleichen. Diese Redensart schert alle Katzen über einen Kamm, macht sie einander gleich und das ausgerechnet des Nachts, wenn ihr geheimes, individuelles Leben beginnt. Aus Katzensicht voll daneben. Aber mit unseren Augen betrachtet, ist es tatsächlich gut beobachtet, denn es beschreibt eine optische Täuschung, die unser Auge bei nachlassendem Licht erzeugt. Weshalb ausgerechnet die Katzen und nicht etwa die Hunde für diese Redensart ausgewählt wurden, mag daran liegen, dass Katzen nachts draußen herumlaufen dürfen, während der Hund zu Hause bleiben muss, obwohl es auch ihn gerade dann nach draußen treibt.

Hunde- und Katzenaugen können in der Dämmerung viel besser sehen als unsere menschlichen Augen, die bei nachlassendem Licht erst einmal alles grau in grau sehen, bevor sie gar nichts mehr erkennen können. Dass auch ein Tag alt und grau wird, nehmen wir gewissermaßen hin, als wär's eine normale Alterserscheinung. Die Welt könnte jedoch auch in bunt verblassen. Warum sie das nicht tut, liegt an unserem Auge, das die Farben mit anderen Zellen (sogenannten Zäpfchen) sieht als die Helligkeit, die von den sogenannten Stäbchen wahrgenommen wird. Damit die Zäpfchen Farben erkennen können, brauchen sie relativ viel Licht. Lässt das Licht nach, bekommt das Gehirn nur noch Grautöne gemeldet, solange bis auch die Stäbchen keine Helligkeit mehr wahrnehmen. Die Pupille weitet sich und das Auge passt sich auch biochemisch noch an die Dunkelheit an, was zwischen 30 und 45 Minuten dauert. Dann ist das menschliche Auge am Limit.
Die Katze kann sich noch viel besser an Dunkelheit anpassen. Denn sie hat viel mehr von den helligkeitsempfindlichen Stäbchen-Zellen und zusätzlich am Pupillen-Hintergrund eine reflektierende Schicht – das sogenannte Tapetum lucidum–, die auch noch das letzte bisschen Licht zurückwirft und gleichsam zur Wiederverwertung bereitstellt. Einen solchen Licht-Verstärker haben auch Hunde, Kaninchen und viele andere Tiere, die lieber im Schutz der Dunkelheit herumschleichen als sich tagsüber blicken zu lassen. Das bessere Sehen in der Dunkelheit geht auf Kosten der bunten Eindrücke. Denn eine Katze hat im Verhältnis zu den Stäbchen weniger Zäpfchen, was ihre Farb-Eindrücke tagsüber wohl ziemlich einschränkt. Aus der Anatomie des Katzenauges geschlossen, sieht ihre Welt viel grauer als die unsere aus. Aber einen letzten Beweis dafür kann es nicht geben, denn wir wissen nicht, ob das Katzengehirn das gleiche aus den vom Auge übermittelten Informationen macht wie unser menschliches Gehirn.

Am Tag sind gar keine Katzen grau.

Interessanterweise gibt es offiziell gar keine grauen Katzen. Offiziell deshalb, weil die Katzenzucht das Grau begrifflich so verschleiert, dass man es gar nicht wiedererkennt. Tatsächlich können sich Edelkatzen in einige verschiedene Grautöne hüllen. Und die tragen alle wunderschöne Namen unter sorgfältiger Vermeidung des Schmuddelwetterwortes „grau". So heißt eine dunkelgraue Katze dann „Smoke", wenn ihr Haaransatz ein kleines bisschen weiß ist, das Haar ansonsten bis inklusive der Haarspitze dunkel gefärbt ist. Bei Perserkatzen scheitelt sich das Haar zuweilen so, dass das hautnahe Weiß gut zu sehen ist, ohne dass man mit forschenden Fingern das Haar durchwühlt, um einen neugierigen Blick auf darunterliegende Bereiche zu werfen. Katzen merken den feinen Unterschied zwischen Streicheln und Examinieren sofort.

Ein tiefer gehender Blick ins Fell lohnt sich auch bei Katzen, die Silver shaded oder Chinchilla heißen. Auch sie tragen eine Haarspitzenfärbung: Ein leichter Hauch von Schwarz am Ende der Deckhaare, vor allem am Rücken und an den Flanken, das ist das Geheimnis der „Chinchilla". Sie ist keine Rasse, sondern eine Fellfarbe, die nur durch die Perser-Chinchilla sehr bekannt wurde, die aber auch bei anderen Rassen möglich ist, etwa bei der Britisch Kurzhaar oder der Exotic Shorthair Chinchilla. Mal sieht sie ganz weiß, dann wieder wie leicht grau überpudert aus. Die „Silver shaded" sieht schon mehr nach Grau aus, denn sie trägt etwas dunklere Haarspitzen als eine Chinchilla. Aber es geht noch grauer: Denn eine „Silber" ist noch immer deutlich heller als die „Smoke".

Eine solche Haarspitzenfärbung gibt es nicht nur bei ungemusterten Katzen. Auch die gemusterten können Teile ihres Haarkleids in Spitzenfärbung tragen und heißen dann Silbertabbys, aber auch die wirken meistens mehr oder weniger grau. Ihre Haare sind wie Zebrastreifen eingefärbt, wobei sich dunkle Abschnitte mit helleren abwechseln. Der Katzenhalter würde sagen, seine Katze wäre grau getigert oder grau-braun gestreift, grau-schwarz gemustert und ähnliche Kombinationen. Das hängt davon ab, welche Farben die „Zebrazwischenstreifen" tragen. Egal ob mit oder ohne Silber, das Grau hat viele Namen. Eine Züchterin von Britisch-Kurzhaar-Tabbys beschreibt die Fellzeichnung so:

„Silber-Tabby-Katzen, egal ob getigert, gestromt oder getupft, kommen in verschiedenen Farbschlägen vor, jedoch ergibt sich der Kontrast immer durch die Grundfarbe Silber und eine deutlich erkennbare Zeichnungsfarbe. Schwarz-silber-Tabby mit schwarzer Zeichnung, Blau-silber-Tabby mit blauer Zeichnung, Chocolate-silber-Tabby mit brauner Zeichnung und Lilac-silber-Tabby mit lilac Färbung. Es gibt helle Silbertabbys mit hohem Silberanteil und schmalen Streifen, und Silbertabbys, die dunkel wirken, breite Streifen und einen hohen Schwarzanteil haben, oft auch ein dunkles Silber. ... Weiße Punkte sind nicht zu verwechseln mit Stichelhaar in Schwarzpartien (brindling). Stichelhaar in Schwarzpartien löst auf und lässt das Muster grau erscheinen."

Alles klar? Erst Stichelhaar lässt die Katze „grau" erscheinen, eine durchwegs unerwünschte Färbung. Grau gilt als gräulich, grauenvoll – damit wollen Züchter nicht in Verbindung gebracht werden. Und das obwohl eine der beliebtesten Katzen die Kartäuser ist, eine Katze, die jeder leicht als grau identifiziert. In Züchter-Wirklichkeit ist sie blau, allenfalls blaugrau. Bei ihr ist jedes einzelne Haar von der Wurzel bis zur Spitze im gleichen Ton gefärbt, und das gibt es auch bei anderen Rassen mit wunderschönem grauen Fell, etwa die Russisch Blau, die Korat oder die Chartreux, welche die Kartäuser-Katze französischen Urtyps ist.

In Wirklichkeit sind die grauen Katzen die beliebtesten von allen. Und sie sind ganz sicher alles andere als die „grauen Mäuse" unter den Samtpfoten aller Couleur.

Schwarze Katzen bringen Unglück. Läuft eine schwarze Katze von links über die Straße, kann das wirklich Pech bedeuten. Zum Beispiel, wenn gerade ein Auto kommt und sie erwischt, dann hat sie wirklich Pech! Aber so ist das natürlich nicht gemeint, sondern dass es dem Betrachter Unglück ankündigt. Heute noch gibt es Leute, die dann den ganzen Tag auf ein Unglück warten. Was kann dann schon noch anderes geschehen, wenn jemand so auf ein Missgeschick programmiert ist?
So bestätigen sich ganz von selbst die Furcht vor schwarzen Straßenkatzen, die Angst vor Freitag, dem Dreizehnten, oder vor dem Durchgehen unter einer Leiter hindurch. Man muss nur dran glauben oder eher fest davon überzeugt sein wie etwa die Menschen im Mittelalter zu Zeiten der Inquisition.

„Ich bin doch gar nicht ganz schwarz!"

Für die ganz hoffnungslosen Fälle von Schwarzkatzenangst sei hier die Lösung des akuten Problems verraten. Der Volksmund sagt nämlich auch, wie man den Bann brechen kann: Um Unheil zu verhindern, muss man drei Steine über die Katzenspur werfen oder auf einen Stein spucken. Immer ein paar Steinchen in der Tasche – und schon kann nichts passieren ...

Schwarze Katzen sind in manchen Regionen häufiger als in anderen. Würde dort jedes Mal ein Unglück geschehen, wenn diese Katzen die Straße überqueren, dann wären ganze Landstriche nur vom Pech verfolgt. Wem dort täglich eine von denen über den Weg läuft, lässt seinen Aberglauben dann irgendwann ganz von selbst los oder ändert einfach die Blickrichtung. Es gibt nämlich auch diesen Aberglauben in der Literatur: „Eine schwarze Katze bringt dem Haus Glück, eine dreifarbige Katze schützt vor Feuer." Dass schwarze Katzen manchmal so häufig auftreten, liegt daran, dass Schwarz andere Katzenfarben gerne unterdrückt. Da hat kein Teufel seine Finger mit im Spiel, sondern dahinter stehen Vererbungsregeln, von denen die Menschen vor Hunderten von Jahren höchstens in hellen Momenten eine Ahnung hatten. Zumindest war ihnen wohl klar, dass Kinder ihren Eltern immer irgendwie ähnlich sind oder sein sollten. Und waren sie es nicht, konnte das durchaus unangenehme Folgen für die Frau haben.

Ob sie die Familienähnlichkeiten auch bei Katzen erkennen konnten, bleibt die Frage. Denn gerade bei den Fellfarben erleben wir häufig Überraschungen. Häufig sieht der Wurf wie bunt zusammengewürfelt aus. Die Kätzchen tragen ganz andere Farben und Muster als ihre Mutter, wobei der Vater häufig unbekannt fortgezogen ist. Und selbst wenn man ihn kennt, kann das Aussehen des Nachwuchses eben ganz anders sein, weil sich manche Farben über viele Katzengenerationen verdeckt vererben, bis plötzlich ein so ganz anders aussehendes Kätzchen geboren wird. Ein rotes zum Beispiel.

Rot – die Farbe der Liebe

Rot ist nur die Kater-Robe. Das stimmt nicht ganz, denn auch Katzenweibchen können rot sein, sind es jedoch ziemlich selten. Das hat damit zu tun, dass die Farbe auf dem Geschlechtschromosom x vererbt wird. Weibchen haben davon zwei und Kater nur eines und auf jedem sitzt sozusagen ein Farbklecks. Wenn der Farbklecks beim Kater rot ist, gibt's rotes Fell. Beim Weibchen mischen aber zwei Farbkleckse mit, und nur wenn beide rot sind, wird auch ein Weibchen rotes Fell haben. Ist einer der Kleckse schwarz, ist's aus mit dem reinen Rot. Denn dann gibt es Zellen, in denen das Rot aktiv und solche, in denen das Schwarz aktiv ist, was optisch ein rot-schwarz geflecktes Fell ergibt. Das lässt sich sogar mit dem Pinsel im Farbkasten gut nachvollziehen. Tropft man Schwarz und Rot auf ein Papier, entstehen rote, braune und schwarze Flecken, und je mehr man hineintropft, desto kleiner werden die einzelnen Flecken. Das Ergebnis nennt man Schildplatt, das ja sehr unterschiedlich aussehen kann, von einer großflächigen Musterung bis hin zum optischen Fleckerlteppich. Sieht ein Kater dreifarbig aus, hat er mit Sicherheit einen genetischen Defekt, nämlich ein weibliches Chromosom zuviel, und ist in der Regel unfruchtbar.

Die Fellfarbe ist reiner Zufall.

Den Laien überrascht es immer wieder, wie die Kätzchen aussehen. Häufig kennt man den Vater des Wurfes einer Freilaufkatze gar nicht. Und manchmal sind sogar mehrere Väter möglich, die dann unterschiedliche Farbspiele bei den Kätzchen verursachen. Da entsteht der Eindruck, dass vor allem die Fellfarben unserer Hauskatzen frei nach einer Laune der Natur entstehen und sich keiner Gesetzmäßigkeit beugen. Aber das stimmt nicht.
Neben Schwarz und Rot mischen im Katzenfell nur noch einige Faktoren mit, von denen man immer mehr entdeckt und einschätzen kann. Zum Beispiel ist häufig auch noch Weiß dabei, wodurch Scheckung bzw. Bicolor entsteht. Zusätzlich kann auch ein Muster aus Streifen und Punkten die Katzenlandschaft zieren. Bei manchen sieht man eine reine Spitzenfärbung oder das Fell ist durch einen Farbaufheller grau oder beige. Dann wird aus Rot „Creme" oder aus Schwarz ein „Blau". Andere tragen eine Siamzeichnung oder ein ganz anderes Rot, das man bei Abessinier-Katzen sieht. Katzenzüchter, die ja gerne wissen wollen, wie der Nachwuchs vermutlich aussieht, fördern immer neue Erkenntnisse zur Katzengenetik zutage. Und das zu verstehen, ist eine richtige Wissenschaft für sich und für einen Zuchtanfänger schier unmöglich. Auf jeden Fall ist die Farbgebung einer Katze viel schwieriger, als man zunächst annahm, aber sie folgt Regeln, die die Züchter immer mehr erforschen.

Bunte Katzen bringen Glück.

Sie sind zwar nicht so bekannt wie der sprichwörtliche bunte Hund. Dafür gibt es sie wesentlich häufiger. Und sie sollen auch noch Glück bringen, was sogar einer unvorteilhaft gezeichneten Dreifarbigen die Chance auf ein liebevolles Zuhause einräumt. Daher ist die Vorstellung von der dreifarbigen Glückskatze zwar nicht ganz richtig, aber keinesfalls ganz falsch.

Winkende Katzen bringen Geld ins Haus

In Japan hat sie in dieser Funktion sogar Kultstatus. Die dreifarbigen, auch „Mi-Ke" genannten Katzen gelten im Land der aufgehenden Sonne nicht nur ganz allgemein als Glücksbringer, sondern auch als Garant für finanziellen Reichtum. Mit erhobener Pfote winkt in vielen Shops ein Katzenfigürchen Kunden, Wohlstand und damit das vermeintliche Glück herbei. Gleichzeitig wehrt es Unheil ab. Und ein anderer japanischer Aberglaube besagt, dass das Böse der Katze im Schwanz sitzen würde.

Daher wählt der Japaner auch bei den lebenden Katzen lieber eine solche ohne Schwanz. Und als zwischen den Jahren 1600 und 1800 – vermutlich durch einen Gen-Defekt – stummelschwänzige

Katzen in Japan auftauchten, wurden sie daher schnell beliebt. Vielleicht haben manche Katzenfreunde sie auch schon damals gezielt gezüchtet. Als Rasse aber wurde die „Japanese Bobtail" erst nach dem Zweiten Weltkrieg von amerikanischen Züchtern etabliert. Inzwischen aber gibt es sie in allen Farben und siehe da: Auch sie bringen Glück, vor allem, wenn eine nette Katze drinsteckt.

Rot ist die Liebe.

Nicht, wenn eine Katze ein solches Fell trägt. In der Skala der Wunschfarben rangiert Rot nämlich ganz unten, wie sich bei einer Befragung britischer Studenten herausstellte, die der britische Katzenforscher Bruce Fogle in einem Buch erwähnt. Dabei ist eine rot-orangefarbene Katze ohne sichtbare Streifenzeichnung etwas Außergewöhnliches, besonders, wenn sie weiblich ist. Denn eine rote Kätzin wird selten geboren. Und selten sind auch Streifen, die mit Rot eine Einheit bilden und nur gelegentlich zu erahnen sind, etwa dann, wenn das Licht in einer bestimmten Weise auf das Haar fällt. Plötzlich zeigen sich wie ein Spuk im Fell die verborgenen Linien, eine sogenannte Geisterzeichnung. Bei Rot scheiden sich offenbar die Geister überhaupt. Denn so unbeliebt sie bei den befragten Studenten auch sein mögen – sie haben auch ihren eigenen Fankreis und werden dazu in verschiedenen Farbnuancen gezüchtet.

Auch dass Katzen Rot lieben, stimmt nicht. Diese Behauptung scheint nur auf die Beobachtung einzelner Halter zurückzugehen, nicht aber eine allgemeine Tendenz von Katzen zu sein. Das Thema ist sogar so umstritten, dass sich Wissenschaftler mit einer Studie dazu Klarheit verschaffen wollten. Denn Farbvorlieben könnten auch ganz zufällig und individuell sein.

Es scheint jedoch so, dass Blau die bevorzugte Farbe der Katzen ist, wie Tests an mehr als 2000 Katzen am Institut für Zoologie an der Universität Mainz ergaben. Die Katzen hatten bei wechselnden Lichtverhältnissen die Wahl zwischen Gelb und Blau, um an ihr Futter zu kommen, wobei sich fast alle (95 Prozent) für die Farbe Blau entschieden. Ob nur das Hungergefühl einen Hang zu Blau auslöst, muss offen bleiben. Aber immerhin beweist der Versuch, dass Katzen Farbvorlieben entwickeln und das kann ein Katzenhalter auch berücksichtigen. Ein kleiner Test mit verschiedenfarbigen Decken oder Kissen enthüllt vielleicht die eine oder andere Lieblingsfarbe, mit der man seiner Katze das Leben oder genauer das Schlummern noch versüßen kann. Für Tiere, die sich noch neu und nach einem Wohnungswechsel unbehaglich fühlen, kann das vielleicht eine echte Hilfe sein. Da zum Wohlfühlen auch gehört, dass das Kissen an einer angenehmen Stelle liegt, dass der Stoff sich für die Katze gut anfühlt, dass das Kissen oder die Decke gut riecht, darf man die Farbwahl nicht gleich überbewerten. Sogar das Muster könnte einen Einfluss haben.

Glückskatze trifft bunten Hund.

Wer will schon Katzengold? Das ist mehr Schein als Sein, meint dieser Ausdruck, denn es ist nicht alles Gold, das glänzt, es ist alles nur schillernde Fassade und nichts dahinter. Die Wahrheit kommt zutage, wenn man nur ein bisschen daran kratzt. Das ist eben wie Katzengold. Und das nennt der Mineraloge Pyrit oder Magnesiumglimmer. Auf jeden Fall ist es dem Volksmund gelungen, sogar das positiv besetzte Wort Gold mithilfe der Katzen in den Schmutz zu ziehen. Und vielleicht hat es wegen des negativ besetzten Begriffs auch so lange gedauert, bis man das Gold als Fellfarbe etabliert hat. Inzwischen jedoch gibt es eine Färbung zwischen Mittelbraun und Rot, die im Züchterjargon als „golden" bezeichnet wird.

Katzen erreichen nie die Vielfalt der Hunde. Momentan übersteigt die Zahl der Rassen, Farben, Formen und Varianten der Hunde die der Katzen um ein Vielfaches. Aber Hunde sind etwa doppelt so lang domestiziert wie Katzen und werden seit Jahrhunderten planmäßig gezüchtet, vor allem zur Jagd und anderen nützlichen Hilfsdiensten. Doch Katzen holen immer mehr auf und wer weiß, was noch alles in ihnen steckt? Sie sind heute schon beliebter als Hunde und werden mehr und mehr für Spiel und Sport, Urlaub und Amüsement entdeckt. Das ist ein weites Feld. Die Frage ist nur, wie viel davon noch erlaubt ist: Dürfen Katzen kurze Beine haben wie ein Dackel? Mehr als fünf Zehen pro Pfote? Richtig nackt sein? Das Tierschutzgesetz sagt dazu nein. Momentan.

Im Erbgut von Katzen schlummert jedenfalls noch eine Menge Unentdecktes. Immer wieder kommen Kätzchen mit Farben, Fellzeichnungen und Felllängen zur Welt, die es bei dieser Rasse gemäß der Zuchtvorschriften nicht geben sollte. Aber die Natur hält sich nicht an solche Standards und fördert Eigenschaften zutage, von denen bisher keiner etwas gewusst oder geahnt hat. Ein neues Merkmal in einer Rasse war bis zu dem Zeitpunkt vielleicht nur in den Erbanlagen gut versteckt, oder es tritt spontan auf, was man Mutation nennt. Es kann auch dadurch entstanden sein, dass ein Züchter heimlich eine fremde Rasse eingekreuzt hat, was der erste Verdacht ist, den die gestrengen Richter der Katzenvereine hegen.

Das Resultat ist jedoch immer das Gleiche: Ein Tier, das nicht aussehen soll, wie es der Standard vorgibt, wird nicht zur weiteren Zucht innerhalb dieser Rasse zugelassen und bringt möglicherweise sogar den Besitzer in den Verruf, unerlaubte Verpaarungen zugelassen zu haben. Früher wurde so manches falsch gezeichnete Katzenkind heimlich aussortiert, versteckt, verschwiegen, getötet oder verschenkt, nur damit der Züchter bloß nicht in einen solchen Verdacht kam.

Abgesehen davon, dass das Tierschutzgesetz das Töten von Tieren ohne vernünftigen Grund verbietet und selbst mit vernünftigem Grund auch nur dem Tierarzt oder Jagdbeauftragten zugesteht, ist es inzwischen bei den Züchtern beliebt, aus fast jeder halbwegs gesund reproduzierbaren Veränderung einen neuen Farbschlag, eine neue Fellzeichnung, Haarlänge oder womöglich gleich eine neue Rasse zu züchten.

Die vielen Rassen der Hunde, die Fellvarianten von Kaninchen und Meerschweinchen bis hin zu Mäusen zeigen, dass bei Katzen noch einiges möglich sein wird. Etwa Katzen mit einem weichen, feinen Fell, das man bei Meerschweinchen „Satin" nennt. Wer schon einmal ein Rosetten-Meerschweinchen gesehen hat mit den ulkigen Haarwirbeln und dem Pony über den Augen, der kann sich vielleicht auch vorstellen, wie eine Katze damit aussehen würde. Das soll es auch schon in Natur gegeben haben. Eine Zucht wurde nicht draus. Aber drahthaarige Katzen kann man auf Shows schon bewundern. Man nennt sie Wirehair-Katzen wegen dieser borstigen und harten

Deckhaare, die leicht gekräuselt sind und an der Spitze einen leichten Knick aufweisen. Die Schnurrhaare und die Ohrenhaare sind bei ihnen ebenfalls gekräuselt.
Weitere denkbare Züchtungen wären Katzen mit Dalmatiner-Punkten, Sennenhund-Zeichnung, mit Schlappohren, Ringelschwanz, Mopsmaske und vielem mehr. Man stelle sich nur eine Perserkatze mit Ringelschwanz in mopsbeige mit schwarzem Gesicht vor, dann vielleicht noch süße Kippöhrchen dazu. Eine Mopser oder eine Pops? So entstehen jedes Jahr neue Katzenrassen. Und was heute noch ein Mischling ist, kann morgen schon als Champion auf einer Katzenausstellung mit Preisen und Kokarden überhäuft werden.

Neun Leben, wer bietet mehr?

Weitverbreiteter Unsinn, Haarsträubendes und Unerklärliches von und über Katzen

Für die einen waren sie Götter, für die anderen Hexen und Teufel. Mal brachten Katzen Glück und Reichtum, dann kündigten sie Unheil an. Zu keiner Zeit also ließen sie uns Menschen ganz cool und es ist erstaunlich, wie diese kleinen Tiere es geschafft haben, sich quer über die Kulturen und Jahrtausende hinweg in jede Menge Schwierigkeiten zu bringen und trotzdem heute so gut dazustehen.

Katzen als Götter. Im alten Ägypten weit vor Christi Geburt durften Katzen kommen und gehen, wie sie wollten, auf den Sitzmöbeln thronen, auf den feinsten Stellen ein Nickerchen machen, sie bekamen bestes Futter, wurden gehätschelt und verwöhnt. Es ging ihnen so richtig gut, denn damals vor 3 000 bis 4 000 Jahren hielten die Götter ihre schützenden Hände über die Mäuse fangenden Wächter der Getreidevorräte.
So war das Töten oder Misshandeln einer Katze streng verboten und der natürliche Tod einer Katze stürzte die Familie sowohl in tiefe Trauer als auch in eine Reihe vorgeschriebener Aktivitäten, mit denen die Katze würdig beerdigt wurde. Ähnlichkeiten mit dem heutigen Katzenleben sind rein zufällig und jeder, der die beiden Epochen vergleicht, sagt sofort: „Jaaa, damals sah man die Katzen inklusive der Löwen ja auch als Götter an!“ Dabei stimmt das gar nicht. Die Götter hießen Bastet, Sachmet, Mut und anders. Und die Katzen galten „nur“ als heilige Tiere, als Lieblinge der Götter, aber sie waren ihnen nicht völlig gleich gestellt. Ihre Funktion war die der Gehilfen,

Die Göttliche

die die Menschen immer wieder zu erinnern hatten, sich religiös konform zu verhalten. Katzen dienten hier sozusagen als die linke und die rechte Pfote ihres Gottes.

Nachdem der Götterkult mit Katzen in Bubastis, dem Zentrum des felinen Götterkultes, ausgedient hatte, kamen die Katzen schnell wieder auf den harten Boden der Tatsachen zurück, und das bedeutete: Eine ganz normale Katze wird in einer typischen und damit kinderreichen Familie nicht extra gefüttert, sie muss sich selbst um ihre Nahrung kümmern und auch sonst sehen, wo sie bleibt. Letztlich wird die entthronte Katze auch nicht mehr zur Mumie eingewickelt und in einer Grabstätte oder gar in einer Pharao-Pyramide bestattet, sondern auf weitaus unrühmlicherem Wege entsorgt.

Katzen haben neun Leben. Beim Sturz auf die Füße zu fallen, ist eine göttliche Gabe, die sogar dicken, fetten Katern gegeben ist, die allein schon ihrer Übergewichtigkeit eines ihrer Leben geopfert haben. Katzen fallen zwar nicht vom Himmel, aber gelegentlich vom Balkon. Doch ihre Landung ist dann im Vergleich zum Knochen zersplitternden Aufprall eines Hundes sanft, so dass man früher glaubte, eine Katze habe neun Leben. In der Mythologie verschiedener Länder findet man darüber noch viel mehr und es erstaunt, dass die Deutungen sich so gleichen. Die Neun gilt in der Mythologie als *die* göttliche Zahl, die dreimal die Dreiheit darstellt, was schon vor dem Christentum eine besondere Konstellation war. Die nordische Fruchtbarkeitsgöttin Freya, wohlbekannt als die Göttin, deren Wagen von Katzen gezogen wurde, soll über neun Welten bzw. über die neunte Welt geherrscht haben, je nach Lesart der Edda, der Sammlung alter skandinavischer Götter- und Heldenlieder. So findet sich auch hier eine enge Verbindung der Neun mit der Katze und dem Göttlichen. Und es ist heute schwer zu entscheiden, ob der nordische Götterhimmel vom ägyptischen in dieser Hinsicht direkt beeinflusst wurde.

Und sogar in der arabischen Welt haben Katzen neun Leben, und zwar durch das Wirken von Mohammed persönlich. Viele kennen die Geschichte um seine Lieblingskatze Muezza. Sie besagt, dass er, um ihren Schlaf nicht zu stören, den Ärmel seines Mantels abschnitt, als er zum Gebet eilen musste. Die Legende geht aber noch weiter: Als der Prophet zurückkam, verbeugte sich die Katze zum Dank und Mohammed strich ihr gerührt dreimal über den Rücken. Und dies,

Da waren's nur noch sechs ...

so erzählt man, habe der Katze nicht nur die Fähigkeit verliehen, beim Sturz auf die Füße zu fallen, sondern auch dreimal drei Leben, und damit genauso viele, wie wir noch heute mit ihren Überlebenskünsten verbinden.

Weniger göttlich und rein, sondern teuflisch und gemein sah man diese neun Leben im Mittelalter zu Zeiten der Hexenverbrennungen. Bis hinein in die Neuzeit kostete es viele Katzen allein deshalb ihr – im übrigen einziges – Leben, weil man annahm, eine Hexe könne sich in eine Katze verwandeln und das neun Mal.

Zu Hexenkatzen eignen sie sich teuflisch gut.

Warum Katzen mit Hexen in Verbindung gebracht werden, mag allein darauf zurückgehen, dass Frauen und Katzen von ähnlicher, aber den Männern so fremder Wesensart sind. Das Weibliche erscheint Männern katzengleich kratzbürstig und launisch zu sein, emotional und unberechenbar. Nach außen hin wirken sie angepasst, aber innerlich bleiben sie frei und unabhängig, geheimnisvoll, undurchschaubar. Sie finden sich zusammen, ohne sich gegenseitig beherrschen zu müssen. Allein das löst bei Männern in einer patriarchalischen Gesellschaft leichtes Unbehagen aus, im Mittelalter jedoch wurde eine tödliche Hysterie draus, gesteuert von Kirchenmännern, die noch weniger von Frauen verstanden als ein verheirateter Mann und die sich geradezu in die Furcht vor dem unbekannten Wesen der Frau hineinsteigerten. Da sich Frauen traditionell im häuslichen Bereich mit Kräutern und ihren Wirkungen befassten und die Grenze zwischen Heilkunst und Magie, zwischen Glauben und Aberglauben fließend waren, war es ganz leicht, eine Frau als Hexe der Inquisition auszuliefern. Allein der Besitz einer dieser hinterhältigen Tiere mit dem unangenehmen, ja dämonischen Blick aus Schlitzaugen, verrät die teuflische Gesinnung. Und ganz schwarz ohne ein weißes Haar musste die Katze sein, denn das ist die Farbe des Bösen, und selbst heute noch werden im Verborgenen illegale schwarze Messen abgehalten und schwarze Katzen dabei getötet, worüber nur selten etwas an die Öffentlichkeit dringt. So kann man auch davon ausgehen, dass es kein Zufall ist, wenn aus einer Gegend plötzlich die schwarzen Katzen verschwinden. Sich vorzustellen, was mit ihnen bei einer schwarzen Messe geschieht, lässt man vielleicht besser bleiben.

Das Übersinnliche gesteht man ja den Katzen sogar heute noch zu, aber ohne gleich in eine Verfolgungshysterie zu verfallen, wie das vor allem im 17. bis hinein ins 18. Jahrhundert und sogar noch später der Fall war. Besonders die Frauen mit schwarzen Katzen mussten um ihr Leben fürchten. Wer kennt nicht das Bild der buckligen Hexe mit der schwarzen Katze auf der Schulter? Wahlweise sitzt dort auch ein schwarzer Rabe, was genau genommen das Gleiche ist, denn man dachte ohnehin, dass die drei ihre Gestalt tauschen könnten. Und so war jede auf dem Scheiterhaufen mit verbrannte Katze zugleich auch eine Hexe weniger in den Augen der Leute, die einer Hexenverbrennung zusahen, was man damals wohl mit ähnlichem Ah und Oh bestaunte wie heute ein Feuerwerk moderner Machart.

Die einen können sich unsichtbar machen.

Katzen kann man stundenlang in einem kleinen Wohnzimmer suchen und wissen, dass sie irgendwo steckt. Und trotzdem gelingt es nicht, sie hervorzaubern, auch dann nicht, wenn man alle Möbel vorrückt und in jede Ritze späht und sogar in den verschlossenen Türen und Schubladen nachsieht. Kaum hat man die Suche aufgegeben, sitzt sie plötzlich mitten im Zimmer und guckt unschuldig, als hätte man nicht gerade das ganze Wohnzimmer zerlegt, um sie zu finden. Da muss man ja denken, dass sie sich doch irgendwie unsichtbar machen kann. Es ist uns nur selten vergönnt, zuzusehen, wie sie es anstellen. Aber wenn, dann können wir nur staunen: Sie springen aus dem Stand locker über einen Meter senkrecht hoch, ziehen sich an fast glatten Flächen hoch, balancieren über dünne Latten oder Simse und können sich in schmale Ritzen quetschen, die wir als viel zu klein für eine Katze ansehen und deshalb gar nicht erst als Versteck in Betracht ziehen. Da Katzen kein oder kein starres Schlüsselbein haben, so wie wir Menschen, können sie so beweglich sein und sich auch so schlank machen, dass sie durch jede Öffnung passen, die gerade einmal groß genug für den Kopf ist. Der wiederum ist kleiner, als er aussieht. Denn das Fell plustert die Katze nur optisch auf. Man muss es sich wegdenken, um die wahren Dimensionen einer Katze zu erkennen.

Die andern haben einen bösen Blick.

Viele Leute haben Angst vor Katzen, weil sie in ihren Augen einen bösen Blick zu erkennen meinen. Verschlagen

soll er sein, falsch, niederträchtig, hinterhältig, gemein, durchtrieben und alles in allem unangenehm genug, um Katzen grundsätzlich aus dem Weg zu gehen. Andere sehen in Katzenaugen absolut nichts Böses, sondern allenfalls etwas Geheimnisvolles, Reizvolles und Interessantes. Dabei ist der Blick nur deshalb manchmal so ungewöhnlich, weil Katzen ihre Pupillen ovalförmig verengen bis hin zum schmalen Schlitz, während die meisten anderen Heimtiere die Pupillen ringförmig zuziehen. Dadurch entsteht manchmal der schlangenartige Blick, der einigen unangenehm ist.
Der Ruf der Katze und der Schlange als beide gleichermaßen falsch, kommt sicherlich auch durch diesen Blick. Nun können solche Augen durchaus Angriffslust bedeuten, aber das ist eher selten der Fall. Viel eher liegen Katzen in der Sonne, schützen ihre Pupille vor zuviel Lichteinfall und blinzeln uns schläfrig entgegen. Wer hier Böses zu erkennen meint, könnte daraus manches über sich selbst lernen. Denn tiefenpsychologisch gesehen reagiert man auf Eigenschaften eines anderen nur dann so heftig, wenn man es von sich selbst kennt. Nur was einen be-trifft, trifft.

Eine Katze taugt zum Wetterfrosch.

Katzen haben zwar schon lange als Wetterpropheten ausgedient. Ihre einstigen „Fähigkeiten“ kennen nur wenige noch, während die meisten Menschen sich lieber auf die Wettervorhersage im Fernsehen verlassen.
Zu diesen Wettersprüchen gehören zum Beispiel: Leckt sich die Katze gegen den Haarstrich, gibt es Regen. Frisst die Katze Gras, regnet es ebenso und kratzt die Katze am Tischbein oder an einem Brett, dann wird es windig. Geht sie längere Zeit nicht aus dem Haus, wird es draußen frostig. Und obwohl ja das Verhalten der Katzen uns so einiges erzählen kann, taugt es zum Vorhersagen des Wetters nur wenig. Darin sind Katzen auf unrühmliche Weise sogar den

(Wetter-)Fröschen unterlegen, mit oder ohne Leiter als Skala für den Sonnenschein.

Aber wenigstens sind ihre mauen Fähigkeiten als Wetter-Orakel eine bemerkenswert positive Ausnahme von den fast durchweg negativen Ansichten über Katzen. Es stimmt nur leider nicht die Hälfte davon. Entweder ist's einfach nur blanker Unsinn, oder es ist gut beobachtet, aber Ursache und Wirkung sind vertauscht, wie etwa hier: Wenn die Katze drinnen bleibt, wird es kalt draußen? Wahrscheinlich geht sie nicht raus, weil es schon kalt draußen ist. Das aber klingt irgendwie unspektakulär, abgesehen vom wenig praktischen Nutzen einer solchen Feststellung.

Katzen können hellsehen.

Sie warnen vor Erdbeben und Unwetterkatastrophen, sie wissen, wann ihr Frauchen heimkommt, sie flüchten schon, wenn wir nur an den Transportkorb für die Fahrt zum Tierarzt denken. Aber geht das tatsächlich nicht mit rechten Dingen zu? Wie erklären wir wissenschaftsabhängigen Menschen solche Fähigkeiten? Für die genannten Beispiele liefert die Biologie durchaus eine plausible Erklärung: Katzen haben nämlich feinere Sinne als wir. Einen sechsten Sinn brauchen sie gar nicht, um uns darüber staunen zu lassen, was sie alles wahrnehmen, wozu wir längst auf technisches Gerät angewiesen sind. Dass mehr zwischen Himmel und Erde existiert, als das, was wir mit bloßem Auge sehen können, ist uns ja nicht wirklich neu, kann doch jedes Radio Musik aus der Luft zaubern, jedes Fernsehgerät Bilder aus dem Nichts erzeugen und ein Navigator sogar eine Radarfalle voraussagen. Allerdings funktionieren Katzen ohne Strom und können trotzdem Signale auffangen, von denen wir noch nicht einmal wissen, dass sie existieren.

Und auch den Umweltkatastrophen gehen Anzeichen voraus, die Tiere eher empfangen können als wir Menschen. Ohne Griff in die

Wacher oder sechster Sinn?

technische Trickkiste merken wir oft überhaupt nicht, dass sich Unheil über unseren Köpfen zusammenbraut. Katzen können dagegen an kleinen Vibrationen ein Erdbeben kommen spüren. Dazu bräuchten wir einen Seismographen, der selbstredend nicht auf der Fensterbank steht. Unwetter entstehen durch atmosphärische Störungen, der Luftdruck verändert sich, die Luft scheint zu stehen, es knistert vor Elektrizität – das nehmen auch sensible Menschen wahr. Nur wie bedrohlich diese Anzeichen sind, erfahren Tiere stärker als wir. Und sie reagieren mit Unruhe und seltsamem Verhalten, wenn sie Unglücke wie Erdbeben, Vulkanausbrüche oder Unwetter spüren. Menschen, die in der Reichweite noch aktiver Vulkane leben, halten deshalb häufig Katzen in der Hoffnung, rechtzeitig gewarnt zu werden.

Dass nicht nur unsere Heimtiere, sondern auch wir selbst übersinnliche Fähigkeiten besitzen, glaubt der Psi-Forscher Rupert Sheldrake. Nur seien uns diese nicht bewusst. Normalerweise ignorieren oder verdrängen wir Erfahrungen wie Telepathie oder Vorahnungen. Doch erfahren sehr viele Hunde- und Katzenhalter und auch Reiter, dass zwischen ihnen und ihrem Tier ein intuitives Verstehen ist, das weit über das hinausgeht, über das man in der Kneipe nebenan noch unbefangen reden würde. Probieren Sie es aus: Sehen Sie Ihrem Tier täglich einmal intensiv in die Augen und danken Sie ihm, dass es Ihr Leben teilt. Oder versuchen Sie nur, eine Botschaft zu spüren. Sicher wird sich irgendetwas verändern. Rupert Sheldrake beschreibt Versuche, die eine solche Wirkung belegen: „Der Geist ist anscheinend in der Lage, aus sich herauszugehen, um etwas, das sich im Brennpunkt seiner Aufmerksamkeit befindet, zu beeinflussen."

Katzen sind unbestechlich. Wenn sie einen Typ nicht mag, mag sie ihn eben nicht und ändert niemals ihren Sinn. Das gibt es zwar, aber sehr selten. Wenn eine Katze konsequent einem bestimmten Menschen ausweicht, hat sie sicherlich einen Grund. Nur so eine launisch entwickelte Antipathie, die durch keine noch so freundliche Zuwendung in Akzeptanz zu wandeln wäre, gibt es kaum. Viel eher hat sie einen handfesten Grund, einer Person zu misstrauen und ihr aus dem Weg zu gehen. Es kann schon genügt haben, dass der Verschmähte einmal aus irgendeiner Verärgerung der Katze einen Schuh nachgeschmissen hat. Vielleicht aber ist er tatsächlich nicht selbst schuld, sondern nur jemand, der ihm ähnlich ist. Katzen lehnen manchmal Kinder pauschal ab, wenn sie einmal von einem gequält worden sind. Das Gleiche kann mit anderen Personengruppen geschehen: Es gibt Katzen, die vor Männern oder Babys davonrennen, vor Leuten mit Stock oder solchen mit Hut. Ganz egal, welche Eigenschaft auch immer: Was für die Katze zählt, ist, dass sie das äußere Merkmal unauslöschlich mit einer schlechten Erfahrung verknüpft. Und wenn das so ist, liegt der Grund dafür in der Zeit zwischen der dritten und achten Lebenswoche der Katze. Das nämlich ist das Alter, in dem sich gute wie schlechte Erfahrungen besonders gut einprägen.

Spätere negative Erlebnisse speichert eine Katze zwar ebenfalls, kann sie mit der Zeit jedoch auch wieder loslassen. Diese Chance hat der, der ihr den Filzpantoffel hinterher warf, mit der Folge, dass ihm die verschreckte Mieze aus dem Weg geht, sobald sie seine Silhouette am Horizont sieht. Wiedergutmachung dauert seine Zeit, aber letztlich lässt sich mit guten Leckerchen als kleiner Bestechung am meisten ausrichten – ein Wohlverhalten ohne fliegende Pantoffeln etc. vorausgesetzt. Und taut die Katze trotzdem nicht auf – vielleicht spürt sie eine versteckte Aggression, die von der verschmähten Person ausgeht. Als Lebensgefährte kann man sich ruhig einmal Gedanken darüber, warum die Katze den Partner nicht mag.

Katzen finden immer nach Hause.

Der Orientierungssinn von Katzen ist beachtlich, wird aber doch deutlich überschätzt. Die weitaus meisten unserer Hauskatzen würden spätestens fünf Kilometer von zu Hause entfernt fragend in alle Richtungen blicken, viele schon nach einem Kilometer. Genauer gesagt würden sie in alle Richtungen horchen. Denn wie Forscher annehmen, sind es vor allem die typischen Geräusche ihrer Umgebung, die einer Katze mitteilen, wo sie sich gerade befindet.

Solche gibt es viel mehr, als wir Menschen gewöhnlich wahrnehmen, außer wir legen uns in den Garten, schließen die Augen und horchen einmal ganz bewusst auf alles, was wir hören können. Da wird uns bewusst, dass die Autogeräusche einer nahen Straße sich anders anhören als die eines weiter entfernten Straßenverkehrs. Wer an einer Bahnlinie lebt, entdeckt, dass der herannahende Zug sich anders anhört als ein wegfahrender. Viele weit entfernte Geräusche vermischen sich mit nahen und man nimmt wahr, dass man auch sehr weit entfernte Straßenbauarbeiten sowie Kirchturmglocken, Lärm auf einem Pausenhof, von einem Kindergarten, das Geschrei von Kindern in einem Freibad, das Rumpeln von Laderampen auf Firmengeländen, Märkten oder Bauhöfen hört. Darüber lagern sich die nahen Geräusche der Nachbargärten: Rasenmäher, Schneeschippen, Verkaufsfahrzeuge mit ihren Klingeln, Waschmaschinen im Nebenhaus, Telefonklingeln, Hundegebell, Vogelzwitschern und Uhrenticken bis hin zum Schnurren der Katze auf dem eigenen Schoß. Viele dieser Lärmquellen sind immer gleich, zumindest zu bestimmten Tageszeiten. Aber all das formt eine typische Geräuschkulisse, die einer Katze ermöglicht, auch von anderen Punkten zurückzufinden. Je näher sie dem Zuhause kommt, desto mehr kommen ihr auch die Düfte bekannt vor, auch die eigenen Markierungen eines Katers auf der Suche nach weiblicher Gesellschaft können ihm helfen, wieder zurückzufinden. Manche Kater kommen erst Monate später zurück, andere gar nicht und man kann nicht sicher sagen, ob sie nicht zurückfinden können oder ob sie aus praktischen Erwägungen oder Fußfaulheit nicht heimgehen wollen.

Fünf Kilometer sind allerdings schon eine ganz schöne Strecke für eine Katze. Jenseits dieses Bereichs finden Katzen nur selten zurück, wobei es einen Unterschied macht, ob eine Katze auf eigenen Füßen dorthin gerannt ist, ob sie irgendwo aus dem Auto gelassen wurde oder entkommen ist, bzw. nach einem Umzug versucht, zum früheren Zuhause zu laufen.

Katzen laufen nach einem Umzug zurück.

Nur manche Freilaufkatzen tun das, und es sind vor allem solche Tiere, die keine besonders enge Beziehung zu ihrem Halter aufgebaut haben, die auf der anderen Seite ihr Leben auch mehr im Freien zugebracht hatten oder eben als Ausnahme angesehen werden müssen. Je näher das neue Haus dem alten liegt, desto eher laufen Katzen zurück, aber eben nur die, die dort irgendetwas erwarten, etwa eine Nachbarin, die regelmäßig Lecker-

Wissen Katzen immer wo's lang geht?

chen für sie übrig hatte. Die Homerunner-Storys von Katzen, die mehrere Hundert Meilen quer durch die amerikanische oder kanadische Wildnis gelaufen sind, erreichten gerade deshalb so große Aufmerksamkeit, weil sie die Ausnahmen sind. Interessant sind sie allemal, denn bei einer solchen Entfernung kann sich eine Katze nicht mehr an den Geräuschen der Umgebung orientieren. Wie sie den Weg tatsächlich finden, ist unklar. Die mehr naturwissenschaftlich orientierte Deutung zielt auf einen ähnlichen Sinn wie den der Zugvögel ab. Da spielen das Magnetfeld der Erde eine Rolle, die Jahreszeit und die Lage von Gestirnen. Aber Vögel überblicken von oben einen relativ großen Bereich. Eine Katze sieht manchmal nur von einem Grasbüschel zum nächsten Baum, und muss sich ihren Weg ohne jede optische Kontrolle bahnen. Deshalb halten auch spirituell interessierte Katzenfreunde die Erklärung des britischen Psi-Forschers Rupert Sheldrake für zutreffend. Er schuf den Begriff „morphisches Feld", das die Vorstellung einer unsichtbaren seelisch-geistigen Verbindung ist, die zwischen zweien entsteht, die sich lieben oder zusammengehören oder verwandtschaftlich eng verbunden sind. Das gilt als Erklärung dafür, wie Katzen ihren Halter an einem Ort finden konnten, an dem sie noch nie gewesen waren.

Herrenlose Katzen verwildern sofort.

Katzen können auch, ohne dass sich ein Halter um sie kümmert, überleben. Sie streunen in den Hinterhöfen, auf Friedhöfen oder in den Häfen herum und nehmen an Nahrung, was sie bekommen können. Die Jungtiere werden genauso scheu wie die herrenlosen Mutterkatzen und es hat ganz den Anschein, als ob es nur eine Generation gedauert hat, bis das Wildtier in der Katze wieder zurückgekehrt ist. Aber bei genauem Hinsehen werden die Katzen nur scheu. Sie suchen trotzdem noch immer die Nähe des Menschen, statt sich wie echte Wildkatzen zu benehmen und in die Wälder zurückzuziehen. Außerdem wären die Jungtiere von solchen Wildlingen wieder ganz zahme Katzen, würden sie bei einem Menschen in der Wohnung groß werden. Ein Wildkatzenbaby würde dagegen zur Kratzbürste, sobald es geschlechtsreif ist.

Die positiven Erfahrungen mit Menschen, die ein handaufgezogenes Wildkätzchen während der sensiblen Phase in den ersten Lebenswochen macht, lassen es auch zahmer werden als wild aufgewachsene. Die Wildheit steckt ihr jedoch noch immer im Blut, und ein Schmusetier wird es nicht sein. Das aber ist bei handaufgezogenen Katzen immer der Fall, selbst wenn die Mutterkatze eine verwilderte Streunerin war.

Es grenzt überhaupt an ein Wunder, dass sich ein Tier, das in freier Natur als Einzelgänger lebt, dem Familienwesen Mensch so eng anschließt. Die Katze ist tatsächlich das einzige Nicht-Herden- oder Rudeltier, das als domestiziert gilt. Sonderbar genug. Aber es ist sogar noch nicht einmal eindeutig geklärt, ob sich die Katze dem Menschen selbst „an den Hals" geworfen hat, oder ob wir Menschen uns die Katze einst ebenso zunutze gemacht haben wie andere Haustiere. Manche Historiker denken auch, dass der Anfang in einem verwaisten Wurf Katzenbabys bestand, den Frauen zum Spaß mit der Hand aufzogen. Nur macht das nicht automatisch alle Tiere direkt zahm. Meistens geht das überhaupt nicht. Denn wie der Wissenschaftler Jared Diamond von der University of California in Los Angeles erklärte, funktioniert die Domestikation nur, wenn absolut alle Faktoren zusammenpassen. Und das ist selten. Zum Beispiel scheiterten die Versuche, Nilpferde zu zähmen. Warum, weiß man nicht. Aber es genügt meistens schon eine einzige Unstimmigkeit zwischen Mensch und Tier, und Nilpferde waren wohl doch zu verschieden von uns.
Man nennt dies „Anna-Karenina-Prinzip", nach Leo Tolstois Roman. Dies besagt, dass „alle glücklichen Familien einander ähnlich sind. Jede unglückliche Familie aber auf ihre Weise unglücklich" sei. Da die Menschen als „Rudeltiere" naturgemäß besser zu Herden-Tieren passen, ist es umso erstaunlicher, dass sich zwischen Mensch und Einzelgänger Katze eine so enge Beziehung ergeben konnte und dass das Ende der Gemeinsamkeiten noch gar nicht erreicht ist. Das zeigt uns aber auch, wie flexibel dieses Tier ist.

Katzen werden Babys gefährlich.

Ein häufiger Grund für die Abgabe von Katzen ist die Schwangerschaft von Frauen. Aufgrund falscher Informationen fürchten sich werdende Mütter davor, den Nachwuchs durch eine Toxoplasmose-

Infektion zu gefährden. Dabei stellt die Katze nicht die wahre Gefahr dar, sondern mangelnde Hygiene. Die Erreger befinden sich noch nicht im frischen Katzenkot. Deshalb verhindert eine tägliche Reinigung, dass sich Toxoplasmen überhaupt soweit entwickeln können, um tatsächlich ansteckend zu sein. Diese Erreger können auch in rohem Fleisch oder in Gartenerde stecken. Eine Schwangere, die auch noch aufpasst, dass sie kein rohes Fleisch isst und die bei der Gartenarbeit Handschuhe trägt, schützt sich so zuverlässig und ausreichend vor Ansteckung.
Der Arzt wird einen Test veranlassen, um festzustellen, ob die werdende Mutter bereits einmal Toxoplasmose hatte und damit immun gegen den Erreger ist. Sie hat davon möglicherweise nichts gemerkt, denn die Symptome sind leicht mit einem grippalen Infekt zu verwechseln. Ist die Frau nicht immun, muss sie dafür sorgen, sich während der Schwangerschaft nicht damit zu infizieren, indem sie befolgt, was der Arzt bei der Vorsorge rät.

Es gibt jedoch noch zwei weitere Problemkreise im Zusammenhang mit Katzen und Baby:
Das zweite Problem ist die Vorliebe der Katzen für weiche und warme Schlafplätze, und dass die Babywiege genau ein solcher Kuschelplatz sein könnte. Allein die Horrorvision, die Katze würde darin das Neugeborene ersticken, bedeutet das Aus für viele Katzen. Dabei ist es einerseits möglich, eine Wiege mit Draht oder Gitter so abzudecken, dass keine Katze hineinspringen kann, während das Baby schläft. Oder man lässt das Kleine mit der Katze gar nicht erst allein. Die Vorsichtsmaßnahmen sind auch schon nach einem halben bis einem Jahr überflüssig, weil sich die Babys dann umdrehen und die Katze wegschubsen können. Bald schon greifen sie mit ihren Fingerchen ins Fell und reißen büschelweise die Haare heraus, was wiederum die Katze Reißaus nehmen lässt.

Die dritte Furcht, die junge Eltern befällt, ist, dass ihr Kind eine Katzenallergie entwickelt. Eine ganz neue Studie stellt fest, dass das Risiko im Wesentlichen für Kinder von solchen Eltern erhöht ist, die selbst eine Katzenallergie haben. Das galt nur für Kinder unter zwei Jahren. Andere Studien dazu zeigten jedoch, dass die Allergiegefahr weitgehend gebannt werden kann, indem man die Wohnung gut sauber hält und die Katze an häufiges Baden gewöhnt, sollte bereits einer in der Familie gegen Katzen allergisch sein.

Katzen sind extrem fruchtbar. In verschiedenen Kulturen, von Ägypten bis Skandinavien, galt die Katze als Symbol der Fruchtbarkeit. Das ist schon eine ziemliche Weile her und verblasst immer mehr, weil man heute Fruchtbarkeit nicht mehr mit Riten sondern mit der Hilfe eines Gynäkologen herbeizaubern möchte. Auf die Fruchtbarkeit der Katze an sich wird nicht mehr so viel Wert gelegt wie einst, wenn man mal von der Katzenzucht absieht. Rein theoretisch kann aus einem Katzenpaar die ganze Welt mit Katzen bestückt werden. Denn Katzen können sich tatsächlich sehr gut vermehren, beinahe explosionsartig, wenn man sich die umgekehrte Pyramide anguckt, die die Nachkommenschaft eines einzigen Katzenpaares zeigt: Angenommen es bekommt zwei Würfe im Jahr, von denen je drei Katzen überleben, was schon niedrig gerechnet ist, dann sind es nach einem Jahr zwölf Katzen, nach zwei Jahren 66 Katzen, nach dreien sind es 350, nach vier Jahren 2 200, nach fünf Jahren 13 000, nach sechs Jahren 73 000, nach sieben 420 000, nach acht 2 500 000, nach neun 14 000 000 und nach zehn Jahren rund 78 Millionen Katzennachkommen von einem einzigen Paar – allerdings rein rechnerisch. Die Wirklichkeit hat damit nichts zu tun.

Würden sich Katzen tatsächlich so ungehemmt vermehren, dann hätten wir in wenigen Jahren auf jedem Baum der Erde einen Pulk

Katzen sitzen. Krankheiten jedoch raffen gerade die Katzen hin, um die und deren Verhütung sich keiner kümmert. Wie britische Forscher an Bauernhofkatzen beobachten konnten, vermehrten sich die am Rande des Hofs geduldeten Tiere letztlich überhaupt nicht. Die Weibchen waren nämlich viel zu schwach und krank, um einen Wurf Kätzchen großzuziehen. Aber daran scheitert es heute bei unseren gut gefütterten Hauskatzen nicht mehr. Sie könnten tatsächlich unbegrenzt Junge großziehen, wenn wir keinen Riegel vorschieben und eine Kastration durchführen lassen.

Katzen sind reine Fleischfresser.

Das stimmt nicht ganz. Denn Katzen brauchen pflanzliche Stoffe, damit ihre Verdauung funktioniert und sie verschluckte Haare ausscheiden können. Durch das Putzen bleiben viele lose Haare an den Widerhäkchen der Zunge hängen, die sich im Magen dann zu einem Ballen verfilzen, der nur schwer in den Darmtrakt weitertransportiert wird. Um die Haare wieder loszuwerden, fressen Katzen instinktiv Gras, was ihnen das Auswürgen des Haarballens ermöglicht. Manche Halter füttern extra Katzen-Malzpaste, durch die die Darmwände gleichsam eingeölt werden, was die Haare leichter zum Ausgang gleiten lässt.

Obwohl das Futter für Katzen vorwiegend aus Eiweiß besteht, sind darin auch Ballaststoffe enthalten, so wie eine Maus ebenfalls unverdauliche Anteile in und an sich hat wie Knochen, Fell und Mageninhalt. Und so etwas frisst eine Katze auf ganz natürliche Weiße mit.

Die halbe Wildkatze.

Viele Halter schwören unbeirrbar darauf, dass ihre Katze echtes Wildkatzenblut tragen würde. So, wie sie aussehe, und so wild, wie sie sich benehme, so könnte keine reine Hauskatze sein, meinen sie. Dahinter steht die Vorstellung, dass die Wildkater, auch Kuder genannt, im Wald nur darauf warten, dass sich ein rolliges Weibchen zu ihnen in die Büsche schlägt. Echte Exemplare der Europäischen Waldwildkatzen *(Felis silvestris silvestris)* gibt es jedoch nur noch sehr selten in den größeren Naturschutzgebieten, und sie gehen den Menschen aus dem Weg. Laut BUND leben in Deutschland nur noch geschätzte 2 000 Wildkatzen in den Wäldern von Eifel, Hunsrück, Pfälzer Wald und Taunus, die vermutlich untereinander im Austausch stehen und nach Ansicht der Naturschützer auch Anschluss an die Bestände in Ostfrankreich und Belgien besitzen. Das zweite Verbreitungsgebiet umfasst den Harz, Teile des Leine-Weserberglandes und Waldgebiete Nordthüringens bis zum Naturschutzgebiet Hainich. Ferner läuft in Bayern ein Wiederansiedlungsprojekt.

Nur wer unmittelbar an einem dieser Waldgebiete wohnt, kann überhaupt eine Katze mit Wildkatzenblut besitzen. Allerdings werden echte Wildkatzen selbst bei Handaufzucht nicht zahm und ein echter Hauskatzen-Wildkatzen-Mischling entwickelt sich kaum zum großen Schmuser. Vom Aussehen her sind Wildkatzen deutlich größer, wuchtiger und plumper als Hauskatzen, haben immer weiße Schnurrhaare und einen dicken, an der Spitze abgerundeten relativ kurzen Schwanz. Näheres darüber kann man im Internet unter *www.wildkatze.de* lesen.

Maikätzchen sind nicht besser

Wenn aus Richtigem mit der Zeit Falsches wird

Alles verändert sich, nur die Katzen nicht? Das mag vielleicht sogar stimmen, aber Wissenschaftler finden immer mehr über sie heraus. Und so müssten viele „alte Zöpfe“ eigentlich abgeschnitten werden. Aber der Mensch hält manchmal einfach gerne an alten Ansichten fest und keiner weiß genau warum.

Weibchen werden sterilisiert. Sterilisiert wird heute gar nicht mehr bei Katzen. Inzwischen ist es nämlich üblich, Männchen und Weibchen zu kastrieren, weil die Sterilisation nur unfruchtbar macht, aber den Geschlechtstrieb nicht nimmt. Und den kann man dann auch nicht mehr gebrauchen. Durch die Hormone getrieben sind sowohl Katze als auch Kater vom Fortpflanzungstrieb stark gebeutelt. Deshalb entfernt man jetzt lieber gleich die Keimdrüsen, die ja auch die Hormone produzieren, und es kehrt Ruhe ein, sowohl im Tier als auch im häuslichen Umfeld. Beim Kater nimmt man die Hoden aus dem Hodensack. Die Operation ist einfach, da alles, was der Arzt begehrt, sozusagen von außen zugänglich ist. Bei der Kätzin entfernt der Arzt die Eierstöcke mit einem Schnitt durch die Bauchdecke. Diese Operation ist deutlich aufwendiger, schwieriger und für das Tier belastender als das bisschen Ex und Hopp, mit dem ein junger Kater zum Käterchen gemacht wird. Bei einer Sterilisation werden dagegen die Eileiter bzw. Samenleiter nur verschlossen, wobei die Eierstöcke bzw. Hoden der Katze erhalten bleiben und weiterhin fleißig Hormone produzieren. So wird praktisch nur vorne der Hahn zugedreht, während hinten das volle Hormonprogramm abläuft. Ein Kater würde sich durch eine Sterilisation weiter wie ein Kater benehmen, umherstreunen, hier und da und dort markieren, um die Weibchen kämpfen und so tun, als wäre er Franco Potento, obwohl er's gar nicht ist. Sein Hormonspiegel sagt ihm allerdings auch sehr eindringlich: Macho Amore und weg ist der Kater. Auf ihn kann man dann genauso lang warten wie auf einen potenten. Einziger Unterschied: Durch ihn werden keine Jungtiere in die Welt gesetzt, und das hat angesichts der vielen Katzen in den Tierheimen auch sein Gutes. Aber die triebgesteuerte Jagd nach der Katzenweiblichkeit wäre noch immer die Gleiche. Und genauso hormongepegelt rollig bleiben auch Weibchen, wenn man sie nur sterilisieren lässt. Sie rollen über den Teppich, rollen die Augen, recken das Hinterteil, sind einfach total von der Rolle und das alle drei bis vier Wochen. Wer das Geschrei dann satt hat, eilt mit seiner schmachtenden Katze zum Kastrieren, sobald die Rolligkeit für einen Moment abebbt.

Wohnungskatzen muss man nicht kastrieren.

Die können ja gar keinen Nachwuchs produzieren, denken viele, die nur ein Einzeltier oder zwei gleichgeschlechtliche besitzen. Diese Ansicht ist dann vorbei, wenn das Kätzchen nach ein paar Monaten erwachsen ist und sich tatsächlich entsprechend verhält. Das Thema Nachwuchs ist dann zwar aktuell vom Tisch, nicht aber der Wunsch der Katzen nach Paarung. Weibchen bekommen vom Hormon Östrogen geradezu den Befehl, endlich mit der Familienplanung zu beginnen. Der Drang wird so schlimm, dass sie sich hemmungslos auf dem Boden wälzen und kläglich maunzend einen Kater anlocken wollen, wie oben beschrieben. Außerdem muss eine weibliche Katze nur eine gewisse Ahnung davon haben, dass das passende Gegenstück möglicherweise

außerhalb ihrer Grenzen zu finden sein könnte, und sie versucht zu entwischen, so bald und so oft sie kann.
Der reine Wohnungskater hat im unkastrierten Zustand eine ganz eigene Meinung davon, was eine „reine“ Wohnung ist. Leider unterscheidet sich seine Vorstellung von der des Halters in einem sehr wesentlichen Punkt. Während er als potenter Platzhirsch zufrieden ist, wenn die Wohnung von jedem Konkurrenten gesäubert ist und auch ja kein anderer Kater seinen Geruch hier versprüht hat, sind wir Menschen vom Katergeruch überhaupt nicht angenehm berührt. Im Gegenteil. Nur ein echtes Stinktier scheint schlimmer zu sein und los wird man den Geruch nur, in dem man den Urheber kastrieren und die Wohnung von Grund auf reinigen lässt. Potente Kater markieren die Wohnung auch, ohne dass ein zweiter Kater in der Nähe ist. Dann allerdings nicht so heftig. Gleich zwei Deckkater in der Wohnung zu halten, ist nichts für empfindliche Nasen und wird auch nur selten gemacht. Dazu haben die Züchter eigene gekachelte Räume wie im Tierheim. Die Kater bekommen dadurch relativ wenige Schmuseeinheiten. Dafür aber kommt gelegentlich eine weibliche Katze in den Raum „gerollt“. Ob das Leben als Deckkater so toll ist, wie es manchem Mann erscheinen mag, kann man bezweifeln. Vermutlich wäre er lieber kastriert auf dem Wohnzimmersofa als potent im Separee.

Kater können immer.

Ganz im Gegenteil: Kater kommen nur langsam in Fahrt und genießen zu Unrecht den Ruf, die nimmermüden Katzenlover zu sein. Ohne den Duft der paarungsbereiten Weiblichkeit, der ihnen über längere Zeit die Sinne vernebelt, haben Kater zur Fortpflanzung keinen Bock, während die Weibchen von sich aus hormongetrieben nach dem Kater schreien. So bringen die Züchter die Weibchen auch zum Kater, damit der nicht allein durch die Reise im Auto total die Lust daran verliert.

Kater brauchen außerdem die Eroberung, das stundenlange Laufen hinter einem betörenden Duft her. Das fehlt ihnen, wenn die Katze gebracht wird, aber mit der Zeit kompensieren die weiblichen Pheromone diesen Mangel. In diesem Punkt sind Katzen im Vergleich zu anderen Tieren tatsächlich wesentlich komplizierter. Eine künstliche Befruchtung wäre aus eben diesen Gründen bei ihnen ein aussichtsloses Unterfangen, wenn auch prinzipiell denkbar. Es wurde sogar schon probiert, wobei die größte Schwierigkeit eben die Samengewinnung ist. Ein Kater, der so ganz ohne rollige Katze völlig unstimuliert einem weiß gewandeten Forscher mit Röhrchen gegenübersitzt, der würde auch nicht im Dienste der Wissenschaft eine Kätzinnen-Attrappe attraktiv finden. Die künstliche Besamung hat bei Katzen somit nur „sportlichen Charakter für die Forschung", wie Tierarzt Dr. Rolf Spangenberg in seinem Buch „Die Liebe der Katzen" schreibt.

Maikätzchen sind gesünder. Die Ansicht, die im Frühjahr geborenen Kätzchen wären besser, widerstandsfähiger und zufriedener, stammt aus der Zeit, als Katzen noch kaum oder gar nicht gefüttert wurden. Medizinische Versorgung bekamen sie erst recht nicht. Aber das Katzenleben hat sich geändert und somit stimmt auch diese Beobachtung heute nicht mehr.

Eine gesunde Mutterkatze bringt im Herbst nämlich genauso kräftige Babys zur Welt wie im Frühjahr. Die Startchancen sind für alle gleich und waren es eigentlich schon immer. Nur die Aufzucht im Oktober und November bis hinein in den Winter war für Katzen ohne liebevolles Zuhause sehr viel schwieriger. Manche Streuner bringen ihre Würfe überhaupt nicht durch den Winter. Daher hat die Natur es so eingerichtet, dass Freilaufkatzen im Herbst nicht einmal halb so viele Junge wie im Mai bekommen, nach dem Prinzip: lieber ein kräftiges als viele schwache Babys.

Die bessere Wahl?

Der Mangel an Sonnenlicht, so sagt man, schwäche das Immunsystem, da der Körper bei wenig Licht nicht genug Vitamin D produzieren würde, was auch depressive Verstimmung hervorrufen kann. Das nährstoffreiche Futter gleicht heute jedoch Vitaminmangel aus und die Jungtiere bekommen auch im Herbst genug Licht, da sie sich nicht mehr vor ihren Feinden wochenlang hinter Holzstapeln oder in den Scheunen verstecken müssen.

Heute fehlt den Katzen gar nichts mehr: Sie leben an unserer Seite das ganze Jahr über wie in einem Luxushotel, in Saus und Maus, dürfen ins Haus, und sogar auf Bauernhöfen werden sie gefüttert, wenn's kalt ist.

Herbstkätzchen haben tatsächlich einen Häuslichkeits-Bonus: Sie erleben in den ersten prägenden Lebensmonaten die Wohnung als wunderbar warmen und schützenden Bereich, während draußen zeitweise ganz fürchterliches Wetter die Lust auf Streunen im Schnee begräbt. So stehen die Herbstkätzchen ihren Geschwistern aus dem Frühjahr gesundheitlich in nichts nach, und sind dafür vielleicht sogar etwas häuslicher als die Frühjahrskätzchen. Bei Rassekatzen gibt es diese Unterschiede gar nicht. Denn Edelkatzen kommen in jedem Monat zur Welt, ohne dass man jahreszeitlich bedingte Unterschiede sehen könnte.

Die Kastration macht Kater dick.

Dick wird bekanntlich der, der zuviel frisst. Dennoch hält sich hartnäckig die Ansicht, die Kastration allein sei schon daran schuld, dass sich ein Kater Mahlzeit für Mahlzeit immer mehr der Statur eines Hängebauch-Wollschweins annähert. Manche erreichen tatsächlich ein Format, das es ihnen unmöglich macht, noch auf einen Kratzbaum springen zu können. Aber es sind ja alles nur die Hormone, bzw. die fehlenden Hormone ...

Nur selten gibt der Besitzer einer solchen Katerwurst zu, dass hier ein Überangebot an Nahrung einem Mangel an Bewegung gegenübersteht. Kater werden nicht automatisch davon dick, dass in ihrem Blut keine männlichen Hormone mehr kreisen, sondern davon, dass sie noch genauso viel fressen bzw. in den Napf gefüllt bekommen wie zu ihren aktiven Streunerzeiten. Es treibt sie kein betörender Duft mehr aus dem Haus, sie laufen nicht mehr meilenweit für eine feline Kameliendame, sondern bleiben brav und bieder zu Hause bzw. in der Nähe des Zuhauses.

Und je nachdem, wie spannend es für ihn draußen auch ohne Liebesverstrickungen sein mag, wie abenteuerlustig er selbst ist, wie viele andere Katzen zum Rauskommen locken, wie viel ein Ex-Kater sich in Katerhändel überhaupt noch einmischen oder einbringen mag, bewegt er sich noch sehr viel oder eben kaum noch. Der hor-

monell ausgebremste Kater widmet sich ersatzweise dem Futternapf oder er schmust vielleicht stattdessen mehr. Sein Verhalten wird auf jeden Fall häuslicher, was meistens als angenehme Veränderung angesehen wird.
Einen Vorteil könnte in diesem Fall der reine Wohnungskater haben, der vorher kein laufintensives Liebesleben hatte und jetzt auch nicht reduziert und der deshalb auch nicht plötzlich dick wird. Seine Nahrung passt noch immer zu seinem Fitnessprogramm, sofern er überhaupt eines hat. Züchter und Halter beobachten allerdings viele individuelle Unterschiede im Fressverhalten und in der Bewegungsfreude kastrierter Katzen: manche werden träge, faul und rund, andere aktiv, fangen wie die Weltmeister Mäuse und bleiben dabei schlank.

Wohnungskatzen muss man nicht impfen.

Die meisten Katzenkrankheiten werden durch den direkten Kontakt der Tiere untereinander übertragen. Und deshalb glauben viele Halter von Wohnungskatzen, dass sie ihre nicht impfen lassen müssen, da die ihren ohnehin nie Kontakt zu anderen Katzen hätten. Besonders die Tollwutimpfung kommt vielen entbehrlich vor, da ihre Phantasie nicht ausreicht, um sich Situationen vorzustellen, bei denen ihre Katze mit einem Wildtier in Berührung kommt oder mit einem Hund, was für eine Wohnungskatze so ziemlich das Gleiche ist.
Aber es gibt solche Zusammentreffen. Hunde kommen mit Besuchern ins Haus, oder man trifft jede Sorte von Heimtier im Wartezimmer des Tierarztes. Auch für eine Flugreise mit der Katze im Gepäck ist ein vollständiger Impfschutz erforderlich. Manchmal muss man seine Katze in eine Katzenpension oder zum Tiersitter geben, weil man beruflich einige Tage unterwegs ist, in Urlaub fährt oder ins Krankenhaus geht.

Gerade in einer Katzenpension ist ein voller Impfschutz, inklusive Tollwut, vorgeschrieben, damit sich die Tiere nicht gegenseitig anstecken. Und hätte einer der vierbeinigen Pensionäre tatsächlich Tollwut, dann könnte das Veterinäramt das Töten aller ungeimpften Tiere anordnen, die in der Reichweite des Erkrankten waren. Dass die Furcht vor Tollwut nicht ganz unberechtigt ist, zeigte ein Fall aus Düsseldorf, wo vor einigen Jahren eine Familie einen mit Tollwut infizierten Hund aus der Türkei mitbrachte und dann auch noch in den Rheinauen frei laufen und sich austoben ließ. Alle Menschen, die mit dem Tier Kontakt hatten, mussten geimpft werden, aber dazu mussten die Betroffenen auch erst gefunden werden. Bei den Tieren, die mit dem Infizierten Kontakt hatten oder hätten haben können, wird nachträglich nicht mehr geimpft, sondern auf Anordnung des Amtsveterinärs getötet. Und das kann sogar diejenigen treffen, die nur in der Wohnung gehalten wurden. Die Behörden argumentieren damit, dass die Katzen ja auch gelegentlich entwischen. In Berlin gab es einen solchen Fall, in dem der Amtsveterinär das Töten aller ungeimpften Katzen anordnen wollte. Nur durch das Einschreiten des Tierheims konnte das verhindert werden. Allerdings musste das Tierheim alle betroffenen Tiere in Quarantäne-Plätze unterbringen. Die gefährlichsten Krankheiten, gegen die geimpft wird, sind Katzenseuche (FPV, Panleukopenie, Parvovirose), Bauchfellentzündung (FIP, Feline Infektiöse Peritonitis), Leukose (FeLV, Katzenleukämie) und Tollwut.

Kätzinnen müssen vor der Kastration einmal Junge haben.

Das ist eine Ansicht, die sich genauso hartnäckig hält wie der vermeintlich so gesunde Spinat. Allerdings liegt die Ursache dieser falschen Vorstellung in unserer Psyche und entstand nicht durch einen Flüchtigkeitsfehler. Anders als der Spinat, der nur durch ein falsch gesetztes Komma als sehr eisenhaltig angesehen wurde, denkt man – oder eher frau – gefühlsmäßig, dass ein Weibchen wie eine Frau einen Kinderwunsch besitzt. Diese nicht gelebte Mutterschaft würde die weibliche Katze dann in tiefe Depression stürzen. Interessanterweise glaubt man das nicht bei Katern, denen man es zweifellos zutraut, ohne gelebte Vaterschaft psychisch stabil durchs Leben zu kommen.

Dass das bei den Katzenfrauen nicht anders ist, wird nur langsam akzeptiert. Lange suchten die Mediziner auch nach einer medizinischen Untermauerung dieser Behauptung, aber sie konnten nichts finden, das als Beweis dienen könnte. Alle gesundheitlichen Probleme, die bei den kinderlosen Katzen auftraten, konnte man bei den Katzenmüttern ebenso finden. Es gibt tatsächlich keinen Anhaltspunkt dafür, dass es Katzen schaden würde, ohne vorhergegangene Mutterschaft kastriert zu werden.

Kastriert wird erst nach der Geschlechtsreife.

Der Trend geht dahin, Katzen beiderlei Geschlechts immer früher kastrieren zu lassen. Die meisten Tierärzte raten dazu, den Eingriff vorzunehmen, wenn eine Katze körperlich weitgehend ausgewachsen ist und gerade geschlechtsreif wird. Das ist bei einem Weibchen um den sechsten Lebensmonat und bei Katern etwa zwei bis drei Monate später. Das erspart den Tieren eine Menge hormoneller Probleme und uns Haltern die unangenehmen Folgen. Es gibt sogar Tierpensionen, die verlangen, dass Katzen, die älter als ein halbes Jahr sind, bereits kastriert sein müssen. In den USA testete man inzwischen auch, wie sich Jungtiere entwickeln, die mit drei Monaten kastriert werden, also noch vor der Abgabe in ein neues Zuhause. Diese Katzen sehen ganz normal aus, entwickeln sich gut, aber über mögliche Langzeitfolgen kann man noch nichts sagen. Bislang sieht man also vor allem Vorteile, etwa dass ein Züchter verhindern kann, dass der Käufer eines Liebhabertiers unerlaubt damit züchtet. Der Käufer seinerseits muss sich nicht mehr darum kümmern, den Eingriff vornehmen zu lassen. Die Tiere selbst erholen sich, so die Berichte aus den USA, schneller von dem Eingriff, als ältere Katzen dies tun. Ein anderes Argument für eine frühe Kastration ist auch, dass man Geschwisterkatzen bei sich aufnehmen kann, ohne befürchten zu müssen, dass der Kater die erste Rolligkeit nicht nur als Erster bemerkt, sondern auch gleich seine neu entdeckten und noch vorhandenen Möglichkeiten erprobt – mit der Folge von unerwünschtem Nachwuchs.

Katzen hebt man am Nackenfell.

Eine Katzenmutter trägt ihr Junges durch den Griff am Nackenfell ins Nest zurück oder sogar eine weitere Strecke weg in ein neues Wurflager. Sie kann das, weil einem Katzenkind dieser Griff nicht wehtut. Seine Proportionen sind noch ganz anders als die einer erwachsenen Katze. Der Kopf eines Neugeborenen ist im Verhältnis zum Körper viel zu groß, aber dafür ist der Nacken ebenfalls groß und kräftig, während der Körper, der beim Getragenwerden daran zieht, noch klein ist. Außerdem bewirkt der sanfte Biss in den Nacken, dass die Katzenkinder in eine sogenannte Tragestarre fallen. Sie hängen reglos mit angezogenen Beinen im Maul der Mutter. Diese kann so ein starres Bündel natürlich viel schneller und sicherer transportieren als ein wild zappelndes Etwas.

Bei einer erwachsenen Katze sind die Proportionen anders. Und der Körper ist jetzt viel zu schwer, um allein vom Nackenfell getragen zu werden. Es bereitet der Katze Schmerzen, am Nackenfell gehoben zu werden. Nur solche Katzen, die man von klein an immer so hochhebt, entwickeln ein Nackenfell, dass stabil genug ist, um auch die ausgewachsene Katze daran hochheben zu können.

„Aua!!"

Unsaubere Katzen tunkt man mit der Nase in die Pfütze. Und dabei lernt sie etwas, nämlich: Suche dir erstens eine geheime Stelle, wenn du mal Pipi machen musst, und mach zweitens einen Riesenbogen um den bösen Nasen-Eintunker. Die brutale Methode geht meistens schief: Nicht nur dass manche Katze jetzt erst recht Katzenklo-frei pinkelt, sie fürchtet künftig den Menschen, der ihr das antut, und ihrem emp-

findlichsten Körperteil so übel mitgespielt hat. Wer wirklich eine Katze sauber bekommen will, muss die Ursache davon herausfinden und erkennen, was ihr Stress bereitet oder wogegen sie protestiert. Meistens sind es Rivalitätsprobleme mit anderen Katzen innerhalb der eigenen vier Wände oder mit Nachbarkatzen. Auch Eifersucht bringt sie in Pinkel-Stress. Viele Katzen verabscheuen aber einfach nur die angebotene Katzentoilette. Sie wünschen sie sich sauberer oder mit Dach darüber bzw. ohne oder sie steht an einem Ort, der ihnen nicht behagt.

Allergisch auf Katzenhaare. Entgegen der allgemeinen Vorstellung sind Menschen nicht vorwiegend allergisch gegen Katzenhaare, Hautschuppen oder Speichel, sondern gegen das Hautfett, das die Talgdrüsen ausscheiden und das sich mit ausfallenden Haaren und Hautschuppen in der Wohnung verbreitet. Dieses Hautfett ist nicht bei allen Katzen-(rassen) gleich. So beobachtet man Menschen, die auf eine bestimmte Katze oder Rasse allergisch reagieren und gleichzeitig auf eine andere nicht. Deshalb kann eine Person durch eine Hauskatze eine starke Hautreaktion zeigen und durch den Kontakt mit Perserkatzen symptomfrei bleiben. Man fand auch heraus, dass Kater mehr allergische Reaktionen verursachen als weibliche Katzen und kastrierte Kater dafür noch viel seltener.

Katzen können nicht schwitzen.

Wenn man zusieht, wie sich eine Wohnungskatze den ganzen Tag vom Nichtstun ausruht, fragt man sich unwillkürlich, wovon sie überhaupt ins Schwitzen geraten sollte. Und es wundert nicht, dass ein solcher Faulpelz keine Poren zwischen seinen Härchen hat, die Schweiß absondern können. Das bedeutet trotzdem nicht, dass Katzen ganz ohne Schweißdrüsen auskommen. Sie haben am ganzen Körper nur wenige, dafür aber finden wir bei Katzen Schweißporen zwischen den Zehen- und an den Sohlenballen, an den Lippen, am Kinnwinkel, in der Umgebung der Zitzen und rund um den After. Nicht, dass es den Katzen an diesen Stellen so besonders schnell heiß würde – die Schweißdrüsen sondern dort Duftstoffe ab. Wird es Katzen in der Sonne oder bei zu großer Erregung zu heiß, beginnen sie zu hecheln. Bevor sie der Schlag trifft, befreit man sie aus der Hitze und wickelt sie in ein feuchtes Tuch.

Katzenkrallen zerkratzen den Autolack.

Wäre ein Autolack nicht stabiler als eine Katzenkralle, müssten wir uns um die Qualität unserer Fahrzeuge ernsthaft Sorgen machen. Denn Katzenkrallen sind zu weich, um einen Autolack ankratzen zu können. Schäden entstehen allenfalls durch klei-

ne Steinchen, die an den Pfoten hängen bleiben. Bei einem vergleichenden Härtetest fanden Kraftfahrtzeuggutachter heraus, dass ein neuer Autolack von einer Katzenkralle an sich gar nicht beschädigt werden kann. Reine Krallenspuren sind bei einer intakten Lackierung nicht möglich und die Kratzer, die Sand und Steinchen hervorrufen können, sind kaum so regelmäßig angeordnet, wie die Striemen, die Katzenkrallen hinterlassen. Eine alte Lackierung ist dagegen zumeist so vorgeschädigt, dass zwar echte Krallenspuren zu sehen sein können, aber eine Neulackierung trotzdem nicht gerechtfertigt ist.

Zu dieser Ansicht kamen inzwischen schon mehrere Gerichte und zwar unabhängig voneinander. Ein Gutachter, den das Amtsgericht Lichtenfels in einem solchen Fall bestellt hatte, hat mit kratztätiger Hilfe einer Versuchskatze festgestellt, dass deren Pfoten selbst mit Sand darunter eine Motorhaube nicht verkratzen konnten. Der Kläger suchte daraufhin Schützenhilfe bei einem Heimtiersachverständigen, doch der meinte nur, dass Motorhauben generell nicht gern von Katzen angekratzt würden, denn sie würden Materialien mit relativ weicher, Widerstand bietender Oberfläche bevorzugen. Als der

Fall dann in nächster Instanz am Landgerichts Coburg verhandelt wurde, waren die Gutachten noch nicht einmal der Grund für den Richter, die Klage des Autobesitzers abzulehnen. Ihm lag kein Beweis dafür vor, dass die beschuldigte Katze die Täterin war, selbst wenn die Gutachten dem Autofahrer Recht gegeben hätten (Amtsgericht Lichtenfels, Az: 1 C 466/97; Landgericht Coburg, Az: 32 S 143/99).

Katzen trinken Milch.

Milch mögen und Milch vertragen sind zweierlei. Kuhmilch enthält viel Laktose also Milchzucker, und den kann der Katzenorganismus nicht gut verdauen. Man darf nicht vergessen, dass Kuhmilch eigentlich dazu dient, junge Kühe zu ernähren, also reine Pflanzenfresser. Dass ein Kalb andere Bedürfnisse hat als eine Katze, ist zwar logisch und bis dahin kann man das den meisten Menschen auch erklären. Nur, dass man Katzen deshalb besser ein Schälchen Wasser anbietet, sehen viele trotzdem nicht ein. Denn sie wissen ja, dass Katzen Jahrhunderte lang ihre täglichen Milchschälchen ausschlabbern durften. Und jetzt soll das plötzlich für sie nicht mehr gut sein? Es hat den Katzen doch nicht geschadet, denken sie.

Aber das denken sie eben nur. Denn Kätzchen, denen die Milch schadet, entkräften durch den chronischen Durchfall, sodass sie kaum Nachwuchs in die Welt setzen. So sorgte die Natur bisher dafür, dass vor allem solche Katzen, deren Verdauung mit der Kuhmilch halbwegs zu Recht kam, überlebten, das aber mehr schlecht als recht.

Heute haben die Halter durchaus einen Sinn für die gesunde Ernährung ihrer Katzen und bemerken auch, wenn diese Durchfall bekommen, vor allem, wenn die Tiere ein Katzenklo benutzen. Beim Säubern und Wechseln der Streu fallen hinterlassene Unregelmäßigkeiten auf, die ein Bauer kaum zu Gesicht bekommt, es sei denn, eine Katze sucht sich im Gemüsegarten ein Toiletten-Eckchen. In dem Fall liegt dem Bauern oder dem Gartenfreund kaum die Gesundheit der betreffenden Katze besonders am Herzen. Vielmehr muss die Katze damit rechnen, dass sich ihr körperliches Wohlbefinden rapide und laktosefrei verschlechtern wird, sollte der Gartenbesitzer ihr zeigen, was eine Harke ist. Das Schälchen Milch gibt es auch heute noch auf Bauernhöfen, nicht aber bei den Haltern von Rassekatzen. Sie weichen auf die im Handel angebotene Spezialkatzenmilch aus, wenn sie ihren Tieren eine Leckerei anbieten wollen. Als Getränk eignet sich für Katzen ohnehin nur Wasser.

Im Garten begraben ist verboten. Nein, es ist erlaubt und sogar bundesweit. Das Entsorgen toter Tiere regelt der Paragraf 5 des Tierkörperbeseitigungsgesetzes, der besagt, dass verstorbene Kleintiere, Hunde und Katzen im eigenen Garten begraben werden dürfen. Dennoch halten es noch immer viele Tierhalter für verboten – und tun es trotzdem, wenn keiner zuguckt. Die Heimlichkeit könnten sie sich auch sparen. Denn es gibt nur wenige Punkte zu beachten: Das Tier muss mindestens von einer 50 Zentimeter hohen Erdschicht bedeckt sein, der Garten darf nicht in einer Wasserschutz-Zone liegen und das Grab soll ausreichend Abstand zur Straße besitzen. Wer keinen eigenen Garten hat, kann sein Tier auch einäschern lassen oder ein Grab auf einem Tierfriedhof kaufen.

Zecken macht man mit Öl raus. Eben genau das sollte man nicht tun. Mediziner warnen davor, eine Zecke mit Öl oder Klebstoff zu ersticken, denn sie würde dann noch erst recht infektiösen Speichel in die Bissstelle spucken, bevor sie loslässt oder vielleicht noch nicht einmal das. Dann sitzt die Zecke fest und man muss sie trotzdem rausziehen. Das kann man auch gleich tun. Wer geübt ist, packt sie einfach mit den Fingern – ein Ruck – und heraus ist die überraschte Zecke mit

Kopf und allem, was dazu gehört. Kleine Zecken kann man einfacher mit einer Zeckenzange oder einer Pinzette anpacken und herausziehen. Das Herausdrehen macht keinen Sinn, man zieht besser mit einem kurzen festen, nicht zu zaghaften Ruck an dem Tier. Bleibt der Kopf tatsächlich einmal stecken, ist das nicht so schrecklich schlimm – er wird normalerweise von der Haut einfach abgestoßen. Nur wenn sich die Stelle entzündet, geht man zum Tierarzt. Jäger schwören auf braun gewordenen Wurmfarn, den sie in die Hundehütte geben, um ihre Hunde frei von Zecken zu bekommen. Der Tierarzt wird eher ein Spot-On-Präparat anraten, das man ins Nackenfell reibt und das vier Wochen lang einen Zeckenbefall verhindert. Allerdings merken die Zecken erst nach ihrem Überfall auf die Katze, dass hier irgendwas nicht stimmt. Sie beißen sich nicht fest, sondern krabbeln im Fell, auf den Kissen und Decken herum, und finden, wenn man Pech hat, ein anderes Opfer.
Manche Halter haben festgestellt, dass Knoblauch-Geruch gut gegen Zecken hilft. Sie verwenden dazu Knoblauch-Öl, das sich mithilfe einer Flasche Speiseöl plus einer Handvoll geschälter Knoblauchzehen leicht selbst herstellen lässt. Jeden Tag ein paar Tropfen ins Futter soll die „Vampire" vertreiben, sofern die Katze dann nicht das Futter verweigert. Die Restbestände, die sich im Fell aufhalten, kann man mithilfe eines Flohkamms aus dem Fell kämmen, solange sie noch auf der Suche nach einer idealen Biss-Stelle sind. Zecken in Endposition spürt man mit den Fingerspitzen auf und zieht sie heraus. Da Katzen sich die Blutsauger überall herausknabbern, wo sie mit ihren Zähnen hinkommen, muss man nur den Kopf, den Hals und die Nackenpartie täglich auf Befall kontrollieren.

Katzenliebe ist unmännlich.

Katzen reagieren wie wir Menschen auf Zuwendung mit Zuneigung. Und da Männer immer mehr Aufgaben im häuslichen Bereich übernehmen, ist es nicht verwunderlich, dass sie auch die Pflege der Katze als eine dieser Aufgaben für sich entdeckt haben. Zum Beispiel sitzen ganz viele Männer abends nach der Arbeit vor dem Fernsehgerät und kümmern sich liebevoll streichelnd um das seelische Wohl der Familienkatze, während die Frau auf katzenungemütliche Art Kartoffeln schält, Wäsche bügelt oder Einkaufslisten schreibt, damit sie am nächsten Tag nach der Arbeit nichts vergisst. Die Zeit, die einer berufstätigen Frau für Haustiere bleibt, wird immer weniger. Das merken die Katzen natürlich und kommen auch ihrerseits auf die Idee, es einmal mit dem Mann zu versuchen. Sie sind nämlich bei Weitem nicht so wählerisch, wie man annimmt. Außerdem spüren sie, bei welchem Mann sie gefahrlos einen Sprung auf den Schoß wagen können, und bei wem sie's besser bleiben lassen.

Macht „Mann" nicht an.

Mit einem Katzensprung fängt man keine Maus

Kleine Wahrheiten, die Katzen bisher gut verbergen konnten

Manche Verhaltensweisen der Katzen kommen uns so unwahrscheinlich vor, dass wir eher glauben, die eigene Katze wäre die Ausnahme, anstatt zu sehen, dass es fast keinen gibt, der eine „Regelkatze" zu Hause hätte. Denn auch der Nachbar hat zufällig eine Ausnahme und die Katze, die früher im Haus lebte, war auch nicht ganz so, wie eine Katze sein sollte. Und bei genauer Überlegung kennt im konkreten Fall jeder das, was als normal für eine Katze gilt, nur vom Hörensagen.

Rassekatzen sind zu dumm zum Mäusefangen.

Mäusefang ist nicht nur Können und Erfahrung, sondern ureigenste Katzenweisheit. So haben auch Rassekatzen eine spontane Neigung, einer Maus nachzustellen. Klappt es auf Anhieb nicht so richtig, ist eine Katze nicht dumm, sondern unerfahren, ungeübt oder höchstens einmal etwas ungeschickt. Völlig uninteressiert bleibt auch die Edelkatze keinesfalls. Wenn eine Maus vor einer Perser plötzlich über den Teppich huscht, kommt in eine behäbige Langhaar ordentlich Bewegung und sie fällt mit fliegenden Fahnen über die Beute her. War das die erste Maus in ihrem Leben, kann es sein, dass sie ziemlich erschrocken dasitzt und nicht so recht weiß, was in sie gefahren ist.
Irritierend ist für sie auch diese besondere Art von Beute: Ein sich selbst bewegendes Spielzeug. Warm, zappelig und lecker riechend erinnert es an etwas, das ihr gleichzeitig neu und vertraut ist, findet sich doch im Jahrtausende alten Katzengedächtnis etwas abgespei-

„Könnte eine Maus sein ..."

chert, das früher einmal ganz, ganz wichtig war. Deshalb lassen auch über viele Jahrzehnte mäusefrei gezüchtete Edelkatzen eine echte Maus nicht los, ohne dass ihre Natur ihnen mitteilt „Da war doch noch was ..." Die Jagd ist ein lebenswichtiger Urinstinkt und das Zupacken nach einer Maus ein Reflex, den die Maus selbst auslöst, indem sie weghuscht. Während Sie sich noch wundern, dass das kleine Mäulchen einer Perser überhaupt eine Maus schnappen kann, öffnet sich die Zange unerwartet und Sie entdecken: Der Nager lebt – und zwar ... jetzt unterm Schrank. Und die Katze erinnert sich daran, dass sie ja eigentlich gar keine Maus braucht. So sieht es jedoch nur für uns aus. Die Wahrheit ist: Sie weiß nicht, wie man das Ding totkriegt. Das Dosenfutter bewegt sich normalerweise ja

nicht – und wenn, dann nicht so schnell ... Das Töten muss einmal eine Katzenmama gezeigt haben. Sonst dauert es eine Weile, bis eine autodidaktisch Mäuse fangende Katze entdeckt, wie es geht. Edelkatzen mit gewissem sportlichen Ehrgeiz sitzen beim ersten Mäuschen da und lassen gar nicht mehr los. Sie kommen damit direkt in Nöten. Denn loslassen heißt, sich sofort wieder drauf stürzen zu müssen. Festhalten bedeutet aber dumm dazusitzen und zu warten und somit auch keine Lösung. Sie haben buchstäblich die Schnauze voll und durch Ausprobieren entdecken sie dann mit einem Biss das, was eine Hauskatze schon als Kleines von der Mutter gezeigt bekommt.
Ist die Beute endlich verzehrfertig serviert, bekommt die Edelkatze plötzlich großen Appetit. Und während sie sich in der Küche ein Aluschälchen voll Pastete schmecken lässt, hat der Halter genug Zeit, die Maus im Biomüll zu versenken.

Mit einem Sprung auf die Maus.

Hopp und Exitus – so sieht der Beutefang für uns auf den ersten Blick aus. Doch mit einem einzigen Katzensprung fängt sie selten eine Maus. Eine Katze braucht meistens mehrere Sprünge, um die Maus zu erwischen. Nicht nur das: Sie lässt sie manchmal auch wieder los. Und zwar nicht ganz freiwillig, wie es scheinen mag, etwa weil sie Spaß daran hat, eine Maus immer wieder zu fangen, sondern weil sich die Maus wehrt. Sie beißt um sich und kann mit ihren Zähnchen durchaus verletzen. Da lässt sogar eine Katze vor Schreck alles fallen, wenn sie an einer empfindlichen Stelle gebissen wird. Aber das geht natürlich gegen jede Katzenehre und wenn man sich in die Seele einer von der Maus gebissenen Katze hineinzuversetzen versucht, ist klar, dass sie sofort zurückschlägt, schon allein, weil man sich als der Überlegene nicht so blamieren mag.

Katzen können nicht schwimmen.

Es sieht ein wenig seltsam aus, aber sie können es durchaus, auch wenn es für die meisten Katzen ausschließlich eine lebensrettende Maßnahme am Unfallort bedeutet. Freiwillig tauchen nur ganz wenige Katzen ins Wasser, wohlgemerkt mit dem ganzen Körper. Die Pfoten können sie nämlich trotz aller Wasserscheu nicht davon lassen. So ist das tröpfelnde Nass zum Spielen für Katzen eine willkommene Abwechslung, wenn auch die Beute selbst so schwer zu packen ist.

Und keine Regel ohne Ausnahme: Es gibt freiwillig schwimmende Katzen, einzelne Exemplare, denen vor nichts graut, wobei die Türkisch Van als die einzige Rasse den Ruf besitzt, das Wasser richtig gern zu mögen. Die Halter dieser Rasse bestätigen das zwar immer wieder, aber in einer wissenschaftlichen Untersuchung konnte nicht bestätigt werden, dass diese Katzen gern untertauchen. Von den Versuchskatzen, die Verhaltensforscher Dr. Dennis Turner an der Universität Zürich schon vor 20 Jahren in einem Gehege hielt, ließ sich keine ins Wasser locken, obwohl das Gehege mit einem sehr verlockenden Teich mit Insel gestaltet war. Diese Insel konnten die Van-

Katzen auch mit einem kräftigen Sprung erreichen. Und genau das taten sie auch. Nicht einmal mit Tricks und allerlei Verlockungen gelang es den Wissenschaftlern, auch nur eine einzige von ihnen zu einem Sprung ins Nasse zu verleiten.

Katzen sind überzeugte Einzelgänger.

Wenn sie raus können, brauchen Katzen nicht unbedingt eine zweite Katze im Haus. Insofern sind sie schon Einzelgänger. Nur fehlt es ihnen an der rechten Überzeugung, das Leben grundsätzlich allein und katzenfrei verbringen zu wollen. Ein bisschen Löwe steckt auch in unseren Hauskatzen, die zwar kaum so zusammenleben, wie es ein Löwenrudel vorlebt, die aber doch auch in frei lebenden Katzenkolonien eine Gruppenstruktur bilden, mit einer von ihnen als Hauptfigur.

Denn abgesehen davon, dass eine Katze ihren Nachwuchs nicht ganz allein produzieren kann und dazu Begegnungen sucht und braucht, sind Katzen schlau genug, um dort in Gruppen zusammenzuleben, wo es viel Nahrung für sie gibt. Das bietet ihnen ein versorgtes Leben und macht die Jungenaufzucht leichter. Was kümmert Katz' in dem Fall ihr Einzelgänger-Ruf? Die Gruppenkatzen scheinen vielmehr ganz zu vergessen, dass sie ihre Artgenossen gar nicht mögen. Da schmusen die Katzenweibchen vor den Augen der Forscher mitten auf dem Bauernhof miteinander, bauen sich ein gemeinsames großes Wurflager, bekommen „zufällig" fast zur selben Zeit ihren Nachwuchs und teilen sich dann auch noch die Aufzucht und Erziehung der Jungen. Diese Form von Baby-Sharing ist ein hoch entwickeltes Sozialverhalten, das ein echter Einzelgänger nicht entwickeln könnte. Ändern sich die Umstände, passen sich die Katzen leichter an als die meisten anderen Heimtiere. So gehen sie auch auf ihre Weise damit um, dass ihre Streifgebiete durch unsere Bauflächen immer kleiner werden und sie wie wir Menschen enger aufeinander wohnen müssen. Statt sich trotzdem aus dem Weg zu gehen oder auf den Bereich innerhalb des eigenen Zauns zu beschränken, sehen sie auch noch das Zuhause der fremden Katzen als Teil ihres Streifgebiets an, was ihnen bei einem größerem Abstand der Häuser oder Höfe nicht so leicht in den Sinn kommt. Gibt es eine frei schwingende Katzenklappe, also eine ohne Magnetöffner, kommen neugierige Futternapf-Inspektoren durch die Klappe bis ins Haus. Und manche machen dann vor nichts in der Wohnung Halt, tyrannisieren die Katzen, die hier zu Hause sind und markieren an den Wänden.

Katzen sind heikel.

Sie mag nur Huhn in Gelee? Oder Thunfisch-Paté? Wir Menschen finden das in der Tat eine sehr eingeschränkte Palette von Füttermöglichkeiten. Und deshalb ist sie heikel, das wird doch sicherlich jeder ebenso sehen. Nur die Katze nicht. Für die ist das ganz normal, nur eine Sorte zu fressen. Eine Maus schmeckt auch immer nach Maus. Das heißt, vermutlich weist deren kulinarische Qualität auch eine gewisse kleine Variationsbreite auf, je nachdem ob es eine Waldmaus oder eine aus dem Gemüsegarten ist. Junge Mäuse sind wohl auch knackiger als Nagetiere, die es geschafft haben, das Seniorenalter zu erreichen. Sonst aber gibt es doch für die Mäusefänger nicht jeden Tag eine andere Sorte wie Maus in Gelee, Maus in Soße, Maus-Terrine, Trockenmaus-Futter, Maus in leckeren Häppchen, Premium-Mäuse-Paté, Diät-Maus light usw. Draußenkatzen fressen die immer gleiche Nahrung und wir nennen sie deshalb nicht heikel, sondern einfach unkompliziert.

Wenn aber eine Wohnungskatze nur eine Sorte mag, dann sind wir schon fast am Verzweifeln über ihre Heikelkeit und froh, dass wir wenigstens eine Sorte unter 30 Versuchsdosen finden konnten, die das Tier künftig ernähren darf. Dabei hat die Katze vielleicht nur ge-

„Eine Maus wäre auch nicht schlecht ..."

wartet, bis endlich eins der vielen Menüs nach gewohnter Mäusekost schmeckt, oder wenigstens überhaupt schmeckt.
Katzen sind eher schlaue Feinschmecker als heikle Nasenrümpfer. Angesichts leckerer Küchendüfte wissen sie von Geburt an, dass die kulinarische Welt mehr als eine Futtersorte zu bieten hat. Und sie lernen von der Katzenmama und – von uns – wie sie sich die Vielfalt im Napf dauerhaft sichern.
Als richtig heikel empfinden auch nur 17,5 Prozent ihre Mieze, wie eine Umfrage von „Geliebte Katze" im Jahr 1994 ergab, zu der immerhin die Angaben zu 595 Tieren ausgewertet werden konnten. Dabei enttarnte sich die Langhaar als besonders mäkelig: Allen voran die Colourpoint mit 37,5 Prozent, andere Perser mit 22,6 Prozent. Das Futterverweigern schleicht sich erst mit der ersten festen Nahrung ein. Oder hat man je davon gehört, dass ein Neugeborenes vor der Zitze die Nase rümpfte und nach einer anderen Sorte Muttermilch verlangt hätte? Wie immer wir Katzenwelpen füttern, es hat

Tücken: Geben wir ihnen in den ersten Lebenswochen nur eine einzige Futtersorte, werden sie sehr einseitig nur auf dieses Produkt geprägt. Bieten wir, um diesen Effekt zu vermeiden, viele Sorten an, wird die Katze auch später ständig Abwechslung verlangen.
Studien der britischen Verhaltensforscher Roger Mugford und Chris Thorne haben ergeben, dass Katzen, die nicht vollkommen einseitig geprägt sind, grundsätzlich neuartiges Futter dem altgewohnten vorziehen, solange es nur genauso gut schmeckt. Reicht es an den bisherigen Standard der Katze nicht heran, wird ein neues Futter einige Tage gefressen und dann wieder verschmäht.
Wenn der Hungerstreik viele Wochen andauert, bis nur noch frische Shrimps, Rinderfilet und Heilbutt-tut-gut die Katze am Leben erhalten, hat das vermutlich ebenfalls wenig mit Heikelkeit zu tun. Eine solche Eskalation hat mit Sicherheit einen Grund: Entweder ist die Katze todunglücklich oder krank: Eine verschnupfte Nase reduziert den Appetit auf null, denn Katzen fressen nur, was gut riecht. Neben dem Schnupfen verursachen häufig Gebissprobleme Appetitlosigkeit. Deshalb: Bevor man an der „Shrimps-Spirale" dreht, sollte man erst einmal zum Tierarzt gehen.

Katzen reisen nicht gern.

Potente Kater sind viel auf Achse. Aber zwischen ihrem Wandern auf eigene Faust und einer Urlaubsreise als vierbeiniger Begleiter liegen bei Katzen Welten. Dennoch gelingt es immer mehr Haltern, ihre Katzen in die Ferien mitzunehmen und zwar gerade weil es nicht mehr so viele Streuner gibt, die gewohnt sind, selbst das Ziel zu bestimmen. Die kann man gerade nicht für Urlaube nach Menschenart begeistern. Dafür umso mehr eine reine Wohnungskatze. Sie gewöhnt sich noch ans Reisen, wenn sie in einem Campingmobil oder Wohnwagen reisen darf und dort mit Laufleine und Vorzelt die Natur zur schönsten Jahreszeit erleben kann. Dann fahren viele Katzen sogar

Reisekatzen

lieber mit ihrem Halter in die Ferien, als auf ihn zu Hause warten zu müssen. Und manche Campingfreunde nehmen gleich mehrere Katzen mit. Aber sie suchen sich den Platz auch sorgfältig aus. Da nämlich die Campingplätze die Zahl der Tiere, die gleichzeitig auf dem Gelände sind, beschränken, muss man vor dem Urlaub die Mitnahme der Katzen anmelden und sich vom Platzwart bestätigen lassen.

Sogar Freilauf dürfen manche Camper-Cats genießen, etwa wenn die Halter immer wieder zum selben Stellplatz fahren und der Platzwart keine Einwände hat. Dauercamper-Katzen kennen die Umgebung und werden sich nicht verlaufen. Immer öfter sieht man daher auch Katzenklappen in den Caravan-Türen, damit sich die Reisenden auf vier Pfoten in den Schutz des Wagens zurückziehen können. Denn dort, wo Katzen mitgenommen werden dürfen, sind auch Hunde erlaubt, allerdings nur angeleint.

Rein und Raus – der Manipulation Tür und Tor öffnen.

Ist sie drin, will sie raus. Ist sie draußen, will sie rein. Viele schimpfen über ihre Katze als unentschlossen, launisch, geradezu wechselhaft wie das Wetter im April, weil es ja tatsächlich so aussieht, als ob sie ihre Richtung sofort ändert und kehrtmacht, sobald sie durch die Tür hindurch ist. Will sie nur Zuwendung von ihrem Halter? Ist es ein Spiel für sie? Alles ist möglich und es gibt auch Katzenhalter, die diese ständige Tür-Auf-Forderung als gratis Fitnessprogramm ansehen. Sicher ist jedoch, dass Katzen geschlossene Türen grundsätzlich hassen und sich ausgeschlossen fühlen, sobald sie ins Schloss fällt. Und da spielt es keine Rolle, ob sie draußen vor der Haustür sitzt oder drinnen eingesperrt vor sich hinschmachtet. Denn das wahre Leben spielt sich für Katzen, die vor einer geschlossenen Tür sitzen, grundsätzlich auf der anderen Seite der Tür ab.

Schnurren heißt sich wohlfühlen.

Liegt eine Katze lang gestreckt auf dem Schoß und schnurrt wie eine Nähmaschine, strahlt sie so viel Behaglichkeit aus, dass auch wir noch etwas davon abbekommen. Unser Blutdruck sinkt, wir entspannen und fühlen uns rundum geborgen und sicher. Wo eine Katze schnurrt, gibt es nichts Schlimmes, da ist die Welt noch in Ordnung. Schnurren klingt wie Beruhigungsmusik in unseren Ohren.

So empfinden nicht nur wir, sondern auch die Kinder einer Katzenmutter. Und weil diese das weiß, schnurrt sie auch dann, wenn sie ihren Nachwuchs nicht beunruhigen will oder direkt beruhigen will. Manchmal ist es auf Bauernhöfen etwa für einen Wurf überlebenswichtig, sich zu verbergen und nicht außerhalb des Wurflagers herumzuspringen, etwa wenn ein Fremdkater sich auf dem Hof herumtreibt. Gelingt es ihm, bis zum Nest vorzudringen, sieht er erst einmal zu, den Nachwuchs seines Vorgängers direkt zu beseitigen, um die Weibchen schnell paarungsbereit vorzufinden. Diese Bedrohung ihres Wurfes kennt eine Mutterkatze und unabhängig davon, ob der neue „Platzhirsch“ ein tollerer Kater wäre als der aktuelle, wird sie sich und ihre Jungen verstecken und sie leise in den Schlaf schnurren.

Sie schnurrt sogar auch, um sich selbst zu beruhigen! Eine solche Situation wäre etwa, wenn sie selbst verletzt oder krank ist. Wenn eine Katze eine innige Beziehung zu ihrem Menschen hat, dann bekommt auch er ein „Alles in Ordnung“-Schnurren zu hören, wenn in Wirklichkeit gar nichts in Ordnung ist. Sogar tödlich verletzte Katzen bringen es noch fertig, die Kehle brummeln zu lassen. Das kann zu verhängnisvollen Missverständnissen führen. Aber die guten Kenner ihrer Katze spüren und erkennen auch ihr Unwohlsein, selbst wenn sie es zu verbergen versucht. Eine Untersuchung von Dr. Yair Schiftan, Schweiz, zeigte, dass wir Menschen Schnurren auch nicht immer als eindeutig angenehm empfinden: „Ein Versuch, den ich mit 35 Probanden an der Uni Zürich durchgeführt habe (erwachsene Personen, die an einem Kurs teilnahmen), zeigte Folgendes: Die Teilnehmer, die das Geräusch neben der Musik als Katzenschnurren identifizierten, empfanden es als entspannend, beruhigend und schön. Andere, die das Geräusch nicht einordnen konnten, als bedrohlich, störend und nicht harmonisch.“

Katzen lieben das Haus mehr als den Halter.

Das mag ja ein toller Katzenhalter sein, der von einer Katze weniger geliebt wird als das Haus, der Garten und das gewohnte Streifgebiet seiner Katze! Früher gab es das öfter, doch heute muss man weit aufs Land fahren, um Katzen zu finden, die wie ein lebendes Inventar von Mieter zu Mieter weitergereicht werden. Halb verwilderten Katzen macht das wenig aus. Aber diese sind

Gehört sie zum Haus oder zum Halter?

nicht gemeint. Es gibt Katzen, die durchaus zahm sind, aber nicht das Glück hatten, als Jungtier ein wirklich liebevolles Zuhause gefunden zu haben. Sie dürfen nicht uneingeschränkt ins Haus, oder nur in einen bestimmten Bereich, nur tagsüber oder nur in einen Schuppen oder Fahrradkeller. Und das ist auch der Grund, warum eine Standort-treue Katze als Jungtier keine echte Beziehung zum Bewohner des Hauses aufbauen konnte. Später ist sie dann an die Situation gewöhnt.
Wenn dann ein Umzug ansteht, sind es wiederum die Menschen, die die Katze zurücklassen. Wer sich bisher nicht intensiv um eine Beziehung bemüht hat, wird das jetzt auch nicht tun. Oder noch schlimmer: Er will oder kann keine Katze ins neue Domizil mitneh-

men und lässt sie einfach zurück. Als Begründung bekommt man dann zu hören: Der Umzug wäre eine Zumutung für das Tier, und nur zu seinem Besten ließe man es zurück. Wer jedoch seine Katze lieb hat, lässt sie nicht einfach zurück. Und kann ein Tierfreund sein Heimtier nicht dorthin mitnehmen, wohin ihn der eigene Weg führt, sucht er ein anderes Zuhause oder wählt als letzte Möglichkeit das Tierheim. Das ist für eine Katze letztlich immer noch die bessere Lösung, denn die Mitarbeiter der Tierheime sind sehr bemüht, für eine solche Katze ein Freilauf-Zuhause zu finden. Und manche dieser verschmähten, abgelehnten und nie wirklich gewollten Katzen werden sogar noch große Schmuser, sogar direkt häusliche, anhängliche Tiere, froh, endlich das gefunden zu haben, was sie zuletzt als kleines Kätzchen erfahren durften: Nestwärme, Liebe, Zärtlichkeit, einen vollen Bauch und ein sorgloses Leben.

Katzen lassen sich nicht an die Leine legen.

Katzen laufen lieber allein als an der Leine. Wenn es aber nicht anders geht, um die Nase in den Wind zu recken und das Leben außer Haus wenigstens ein bisschen kennenzulernen, dann nehmen sie den Strick, zu Anfang zwar nur widerwillig, aber immerhin. Manche Katze benimmt sich in den Anfängen ihrer Gassi-Karriere wirklich so, als wollte sie lieber auf der Stelle einen Tod durch Strangulieren erleiden, als sich angeleint einem Hund zu zeigen. Und was eine erfahrene Streunerin ist, bekommt bei einem solchen Vorhaben ihres Halters einen Schreck fürs Leben. Wer versucht, die Idee in die Tat umzusetzen, gibt es bei einer Widerspenstigen schon nach einigen schmerzhaften Versuchen auf, sie in ein Katzengeschirr zu stecken. Schmerzhaft für ihn, nicht für die Katze. Aber ohne Katzengeschirr ist das Risiko, dass die Katze entwischt, viel zu groß. Die typischen Katzenhalsbänder taugen noch nicht einmal dazu, überhaupt eine Leine dranzuhängen.

Denn sie haben einen Sicherheitsverschluss, der sich bei einem stärkeren Ruck am Band löst. So bleibt keine Katze mit dem Halsband an etwas hängen, aber auch nicht an der Leine.
Gehen Sie niemals mit einer Katze Gassi, wenn Sie es eilig haben! Sie werden nirgendwo hinkommen, außer an den Rand eines Nervenzusammenbruchs. Und dort wollten Sie genauso wenig hin, wie am Rotdorngebüsch entlangzuscheuern, unter einem Lattenzaun hindurchzukriechen, über eine Mauer zu balancieren, nur um dann eine halbe Stunde lang vor einem Mauseloch herumzusitzen. Es gibt Leute, die machen das mit, weil sie ihrer Katze einen möglichst natürlichen Ausflug ins Grüne ermöglichen wollen. Abgesehen davon, dass eine Katze einen Menschen im Schlepptau nicht als wirklich natürlich empfinden würde, ist sie auch durchaus bereit, dem sanften Widerstand der Leine Folge zu leisten und ihren Spaziergang etwas weniger anstrengend zu gestalten.
Viele Katzen an der Leine scheinen gar nicht zu wissen oder zu ahnen, dass Sie bereit wären, gemeinsam mit ihnen und der Leine ein

Lieber mit Leine als alleine?

Stück weiterzugehen. Sie verharren vielmehr eine Stunde innerhalb der Reichweite der Leine, gerade so, als ob Sie mit der Leine in der Hand mit einem Zelthering angepflockt wären. Jeder Schritt in irgendeine Richtung verstört diese ängstlichen Katzen zutiefst. Aber mit ein bisschen Übung und Geduld kann eine solche Katze dann doch noch das Laufen mit Leine lernen.

Man darf nicht vergessen, dass Katzen es überhaupt nicht als natürlich empfinden, mit irgendwem gleichzeitig in dieselbe Richtung zu gehen. Normalerweise gehört das zu den großen Ausnahmen, etwa wenn das Frauchen in der Küche „Miez, miez, Futter! Kooommmt!" ruft – dann rennen sie gleichzeitig in dieselbe Richtung. Ansonsten ist das unter Katzen als unfein verpönt. Zur Jagd geht man allein, auf Liebestour auch, und dorthin, wo auch wir Menschen am liebsten ohne Begleitung hingehen, dort bleiben ebenfalls Katzen gerne Einzelgänger.

Eine Leine erspart auf jeden Fall Ärger mit den Nachbarn, sie ermöglicht auch, die Katze mit in den Urlaub zu nehmen und sie lässt dem Tier trotzdem noch ein bisschen Freiheit. Denn für einen Katzenspaziergang gilt noch mehr als für einen Hundeausflug: Der Weg ist das Ziel. Doch gut mit Geschirr und stabilem Haken muss sie angeleint sein. Sonst kann es passieren, dass sie weg ist. Und das ganz ohne Ziel. Denn eine Katze geht auf ihre Weise spazieren.

Einmal Freilauf – immer Freilauf.

Das haben die Katzen gut eingefädelt, dass wir denken, Freilauf würde für sie die totale Freiheit über alle Nachbargrenzen hinweg bedeuten. So sichern sie sich ihre Unabhängigkeit, ohne dass wir Halter auf die Idee kommen, einmal darüber nachzudenken, warum Katzen so gern draußen herumlaufen. Unseren kastrierten Katzen ist die Begegnung mit ihren Artgenossen oder gar mit einem Partner gar nicht mehr so wichtig und auf unliebsame Begegnungen mit einer

bösen Nachbarkatze steht ihnen auch nicht der Sinn. Vielmehr suchen Katzen draußen das Vergnügen ohne Prügel. Sie klettern auf Bäume, spüren die Sonne auf dem Pelz, fangen Mäuse, riechen, schnuppern, schnüffeln, liegen in einem Sommerkatztraum versunken unter einem Busch oder dösen an einem Teich. Da gibt es nichts, was nicht auch im eigenen Garten möglich wäre.
Das Streifgebiet eines langjährigen Streuners auf den eigenen Garten zu reduzieren, wäre natürlich eine Einschränkung, die ihm nicht gefällt. Denn er legt Wert auf jedes Stückchen Boden, das zu seinem Streifgebiet zählt. Darauf erhebt er Anspruch, als ob er dort mit einem unsichtbaren Gummiband verbunden wäre. Ein Gummiband leiert irgendwann dann aus. Und so gibt auch eine Katze ihr früher gewohntes Streifgebiet auf, wenn sie es nicht mehr regelmäßig besuchen kann. Dann wird es ohnehin von anderen Streunern übernommen und so lange markiert, bis der ursprüngliche Duft verflogen ist. Mit viel Geduld und einer stabilen Zaunanlage entdeckt eine kastrierte Katze auch innerhalb des eigenen Gartens, dass Zufriedenheit nicht vom Überspringen der Nachbarzäune abhängt. Es ist sogar so, dass viele Katzen liebend gern einen solchen Zaun hätten, nur einen einbruchssicheren, also einen, der keiner Katze das Hereinspringen ermöglicht. Denn solche Spezial-Zaunbauten schützen die Katzen davor, ständig von einem Katzenrambo der Nachbarschaft gejagt oder sogar über die Katzenklappe bzw. offen stehende Verandatüren und Fenster bis ins eigene Zuhause verfolgt werden.

Jeder Sprung ein Treffer.

So zielgenau auf einem winzigen Absatz zu landen, kann nur eine Katze, mit kleinen Ausnahmen in der Tierwelt, etwa Hörnchen, Vögel und viele Insekten. Wenn sie geschmeidig aufs Fensterbrett springt und sich elegant um Vasen und Figürchen wickelt, kann sie unserer Bewunderung sicher sein. Nie würde eine solche Katze vom Kratz-

baum fallen, oder bei einem Spaziergang über den Badewannenrand ins heiße Wasser plumpsen.
Katzen mit anderen Vorlieben verstehen sich nicht so gut auf das Sprunghafte in ihrem Leben. Es gibt Tollpatsche, die schon mit vier linken Beinen zur Welt kommen und sich zeitlebens in Schwierigkeiten bringen. Diese Tiere schreiben das Wort Eleganz eher mit „s“ am Schluss und bringen es fertig, mit lautem Geschnatter gegen eine geschlossene Glastür zu poltern, beim Umdrehen im Schlaf vom Stuhl zu kippen oder sich in der Bettdecke zu verheddern. Freilaufkatzen der chaotischen Lebenskunst erwischt häufig allein deshalb ein Auto, weil sie warten, bis ein Fahrzeug kommt, um dann spontan zu entscheiden, über die Straße zu laufen. Das sind dieselben Katzen, die von einem Baum nicht wieder herunterkommen, und wenn doch, dann fallen sie einem großen Hund vor die Nase. Ihre Lebenszeit läuft schneller ab als die anderer Katzen und die neun Leben sind in wenigen Monaten, vielleicht noch Jahren, verbraucht.

Treffer – versenkt!

Ha(a)rt an der Grenze

Kleine Alltagslügen, die Katzenhalter nicht gerne zugeben

Katzen haben uns Menschen gut im Griff. Nur wer redet schon gerne über seine kleinen Schwächen? Aber das macht nichts, denn jeder weiß ohnehin, dass der Nachbar in vielem genauso nachgiebig und manipulierbar ist, wie man selbst.

Konsequent manipulierbar.

Katzen sind zu stolz zum Betteln. Das erzählen uns schon jahrhundertelang die Dichter, Schriftsteller und andere kluge Leute, deren feinsinnige Bemerkungen Bekanntheitsgrad erhalten haben. Sie idealisieren die Katze als unbestechlich und konsequent in ihrer ganzen Art. Deshalb gehört das würdelose Betteln um Leckereien gar nicht ins Programm einer Katze und allenfalls fordert sie lautstark, einfach unüberhörbar, was sie will. Und man kann geteilter Meinung sein, ob das ein Befehl, eine Bitte oder nicht doch ganz massive Bettelei ist. Man muss nur einmal zusehen, wie verrückt und clever zugleich sich viele Katzen unterm Tisch aufführen, wenn sie oben Leckeres erspäht oder gerochen haben!
Sie operieren mit allen Katzentricks, um von bisher standhaften Familienmitgliedern leckere Thunfisch-Bröckchen, ein Stück Ei oder Käse, frisch gebutterten Hefefladen, Fleischwurst, Leberwurst und ähnliche Begehrlichkeiten nach unten gereicht zu bekommen. Sie wissen genau, wen sie am Tisch bearbeiten müssen und welche Strategie wirkt. Und für sensible Naturen unter uns Haltern genügt schon der Gier- und Bettel-Blick, sehr wirksam in seiner Kombina-

tion. Die Meisterin dieses Fachs tut nichts wirklich Sichtbares, sitzt nur da und seift ihr Opfer auf telepathischem Wege ein.

Wenn Stufe 1 versagt hat, wirkt häufig Stufe 2. Wer für einen telepathischen Befehl nicht empfänglich ist, erliegt dafür der Methode „Ich soll wohl verhungern!". Die schon fast dem Hungertod Geweihten pfoteln noch mit erstaunlich viel Energie unterm Tisch herum, streichen um die Beine, haaren die Hosenbeine voll. Miau Miau, Miau. Sie setzen ihre Mittel wohldosiert ein: lästig genug, um nicht übersehen zu werden, aber dezent genug, um nicht auf der Stelle vor die Tür gesetzt zu werden. Nach ein paar Tagen weiß eine Katze auch, an welchem Punkt weitere Mühe vergebens wäre, nicht ohne vorher Stufe 3 probiert zu haben.

Und die bedeutet: „Auf sie mit Gebrüll“, also hartnäckige und aufdringliche Störmanöver, Krallen im Hosenbein, ein auf sehr langen Hals hochgereckter Katzenkopf. Spätestens wenn der die Sicht auf den eigenen Essteller versperrt, ein Pfötchen sich über den Teller schiebt und sich kleine Krallen in die Scheibe Lachs bohren, bekommt das gierige Katzentier Ärger. Die Methode funktioniert am ehesten bei dem Halter, der beim Essen zu faul ist aufzustehen, nur um die Katze hinauszubitten, was ohnehin kaum funktioniert.

Sie bekommt nichts vom Tisch. Jeder weiß, dass man vom Tisch besser nichts füttern sollte, weil vieles schon auf dem Frühstückstisch steht, das für Katzen ungesund ist: Schokoladencreme, Zucker, Eiweiß, Kaffee und vielleicht auch Rohes vom Schwein mit oder ohne tödliche Viren. Auch gewürzte Essensreste sind für Katzen ungesund. Um das Betteln erst gar nicht herauszufordern, beschließen Familien, solange sie noch keine Katze haben: „Bei uns gibt's für Tiere nichts vom Tisch!“ Einige Wochen nach dem Einzug der Katze heißt das dann: „Eigentlich bekommt die Katze nichts vom Tisch ...!“ und noch ein paar Monate später dann „Na ja, sie bekommt nur ein bisschen Weißbrot mit Leberwurst.“
Und dieses Stückchen schmeckt einer Katze natürlich überhaupt nicht, würde man es in den Futternapf legen. Das ist wie mit einer Maus: Eine im Napf servierte tote Maus wäre kaum ein echter Genuss. Lecker ist nur selbst erlegte Beute, fangfrisch verzehrt. Oder selbst erbeutete Leckerchen, frisch vom Tisch verzehrt.
Es genügt ja schon ein Einziger, der schwach wird. Bei dem fällt dann heimlich einiges unter den Tisch, als Erstes das Verbot, die Katze bei Tisch zu bedienen. Jetzt ist er der große Stratege. Wie befördert man unauffällig Essen hinunter? Die Katzen, schlau, wie sie sind, stellen blitzartig von Bettelei auf Kumpanei um und das sehr geschickt. Wer das Spiel durchschauen will, müsste gleichzeitig seine Augen über

und unter dem Tisch haben. Und wenn ein Tierarzt fragt, ob der Durchfall der Katze von falschem Futter kommen könnte, dann hört er allzu oft: „Das kann ja gar nicht möglich sein. Sie bekommt doch nichts vom Tisch! Da können sie fast jeden fragen.“ Aber da Tierärzte ihre Kunden schon kennen, bohren sie nach. Leise hören Sie dann: „Nichts, außer mal hier und da, nur ganz selten.

Sie schläft nicht im Bett.

Mit Kratzbumm landet sie auf der Bettdecke, dreht sich hierhin, wandert dorthin, tretelt ein bisschen, sucht sich minutenlang eine bequeme Stelle, nur um sich dann im letzten Moment doch noch woanders hinzulegen. Dort fängt sie an, sich zu putzen, zu schnurren, dann zu treteln. Gleich will sie noch ein bisschen was zu fressen, gerät dann mit ihrer Mitkatze in den Streit über die schönste Stelle im Bett und und und ... Nein wir teilen den Nachtschlaf nicht wirklich mit unseren Katzen, vielmehr wandeln *sie* als Nachtgespenster durchs Haus, von Bett zu Bett, Zimmer zu Zimmer, während wir versuchen, ein biss-

Man gönnt sich ja sonst nichts ...

chen zu schlafen. Sie kommen um 23 Uhr, 3 Uhr und um 5.30 Uhr mit Gemaunze ins Bett und rutschen in den Zeiten dazwischen von den Zehen hoch bis ans Ohrläppchen, kuscheln sich in die Armbeuge oder bohren sich unter die Decke, um sich am warmen Bauch langzumachen. Das heißt, das macht nur eine der Katzen. Die andere bevorzugt Mitternacht und 1 Uhr und wird hellwach und putzmunter, eine halbe Stunde bevor der Wecker läutet. Und sicherlich plagt sie dann auch ein Riesenhunger. Und wer noch eine dritte Katze ins Schlafzimmer lässt, könnte genauso gut ein Baby haben – die Symptome morgens im Spiegel und die Kommentare im Büro sind ähnlich. Wir lassen es/sie niemals ins Schlafzimmer! Ihr müsst es/sie schreien lassen, irgendwann hört es von selbst auf. Ihr dürft es/sie nicht mitten in der Nacht füttern, es/sie gewöhnt sich dran, usw. Was sich wirklich für Dramen auch bei den Hardlinern abspielen, weiß man nicht. Ins Schlafzimmer lässt sich ja nicht jeder blicken.

Das alles heißt nicht, dass Katzen nicht doch auch im Bett schlafen und zwar richtig! Kaum, dass wir übermüdet aus den Laken gekrochen sind mit dem Vorsatz, ab sofort in einer katzenfreien Zone zu schlafen – kommt eine angerannt, springt gezielt auf ihre Lieblingsstelle, rollt sich ein und … schläft! Mucksmäuschenstill liegt sie da – geräuschlos und allerliebst. So ein süßes Geschöpf! Das wollen wir nicht stören und leise ziehen wir die Tür hinter uns zu, froh, dass es doch ein so friedlich schlafendes Tier ist und kein lauter Schnarcher wie der Hund der Nachbarn.

Katzen halten die Wohnung frei von Mäusen.

Ja, und Mäuse können sich in einem katzenfreien Ambiente nichts Schöneres vorstellen, als sich ausgerechnet im Wohnzimmer ein Nest zu bauen und eine Familie zu gründen … Und mancher glaubt das sogar. Prinzipiell spricht nichts dagegen,

Feierabend

dass Katzen die Wohnung Mäuse-frei halten. Denn Katzen können Mäuse fangen, sogar richtig gut, und sie tun das auch. Nur der Weg, den sie damit gehen, ist der – aus unserer Sicht – falsche. Sie fangen in der Vorratskammer keine Mäuse und entsorgen sie, meinetwegen auf Katzenart. Sie fangen vielmehr draußen Mäuse und bringen sie in die Vorratskammer, wo sie sie neben dem Katzenfutter deponieren, als ob sie sich einen eigenen kleinen Vorrat anlegen. Die Lehrmeinung zu mitgebrachten Mäusen ist jedoch eine andere: Katzen bringen nicht sich, sondern uns eine Maus, eine Übungsmaus mit Nebeneffekt als Leckerchen. Das ist von allen katzentypischen Verhaltensweisen der einzige uns ersichtliche Grund, warum Katzen Mäuse herumtragen, statt an Ort und Stelle zu fressen oder zu Spielzwecken zu missbrauchen. Wenn Katzenmütter Mäuse ins Wurflager tragen, dürfen ihre Jungen lernen, wie Beute aussieht, wie man sie fängt, tötet und verspeist. Und wenn sie es gelernt haben, müssen sich die Kätzchen selbst versorgen. Ob das bei uns Menschen funktionieren würde, ist fraglich. Das Fangen einer Maus kriegen wir noch hin – doch wer auch noch den Rest erledigt, kann nicht wirklich sicher sein, dass die Katze nie wieder eine Maus anschleppt, weil sie sieht, dass wir die Lektion auch gelernt haben. Manche Maus dient einfach nur als Spielzeug und vielleicht will die Katze es nur mit uns teilen? Und wie wir mitspielen! Aus der Sicht der Katze fahren wir total darauf ab: Wir hechten mit kleinen Plastikeimern hinter der Maus her, stochern sie mit Walking-Stöcken unterm Schrank hervor oder räumen sämtliche Schubladen aus, um das Nagetier herauszuschälen, das ansonsten alles da drinnen kaputt knabbern wird. Wenn dann eines Tages der Mäusefraß entdeckt wird, rät einem sicher jemand, der die Katze nicht kennt: „Sie brauchen eine Katze, dann hätten Sie das Problem mit den Mäusen nicht." – „Ja ne, alles klar!", würde Atze Schröder dazu sagen.

Heiße Liebe verbindet Kind und Katze.

Stimmt, aber nur solange die Katze keine schlechte Erfahrung mit einem Kind gemacht hat und je kleiner es ist, desto eher die Wahrscheinlichkeit, dass die Katze irgendwann beginnt, einen großen Bogen um kleine Zweibeiner zu machen. Gerade Krabbelkinder oder auch solche im Kindergartenalter gehen mit Katzen nicht eben zimperlich um. Und kaum, dass die Erwachsenen nicht hinsehen, wird die Katze eingesperrt, eingekleidet, in den Puppenbuggy gepfercht, angeschnallt und zum endgültigen Verdruss der Katze dann auf den Gehsteig vor dem Haus hin und her geschoben, bis ihr die Flucht gelingt oder ein Hund kommt oder beides. Eine böse Absicht oder Tierquälerei steckt gar nicht dahinter, allerdings wohl ein bewusstes Übertreten vom elterlichen Verbot, die Katze nicht herumzuzerren und die Unkenntnis, dass nicht auf alles das Sprichwort passt: „Was du nicht willst, das man dir tu', das füg auch keinem andern zu."

Heiße Liebe?

Sobald Kinder lernen, dass das Spielvergnügen gar nicht drunter leidet, wenn sie die Katze aktiv und ohne Zwang mitspielen lassen, haben sie eine gute Chance auf dicke Freundschaft. Denn Katzen lieben es, hinter etwas herzujagen, nur die großen Zweibeiner ihres Zuhauses ziehen ja so selten mal eine Schnur oder rollen mal eine Kugel für sie! Schulkinder sind genauso unermüdlich im Schnurziehen wie die Katze beim Fangen – besser könnte es ja nicht sein. Aber es dauert, bis ein Kind das wirklich versteht.

Kleinkinder dagegen stehen auf Miezen. Das fand der belgische Forscher Philippe Bernard aus Louvain-La Neuve heraus. Er beobachtete, wie Kinder in Alter zwischen sechs Monaten und vier Jahren mal in Begleitung der Eltern, mal ohne, auf die Anwesenheit einer Katze oder eines Hundes reagierten. Er nutzte dazu eine sehr freundliche zweijährige Hauskatze und eine Hündin der Rasse PON. Er stellte fest, dass die Kinder, besonders Mädchen, deutlich mehr auf die Katze zugehen als umgekehrt (80 zu 20 Prozent). Der Kontakt zwischen Hund und Kind war von beiden gleichermaßen zu 50 Prozent ausgegangen.

Zwei wie Hund und Katz. Hunde sind Rudeltiere und Katzen sind klug genug, sich diesen Umstand zunutze zu machen: Ihnen ist schnell klar, dass sie – in den meisten Fällen – entweder ein unterwürfiges Tier vor sich haben, das sich leicht mit ein bisschen Fauchen und Kratzen gefügig machen lässt. Oder dass hier ein Herrscher lebt, der jeden in Ruhe lässt, der sich unauffällig verhält. Denn auch der Hundeboss folgt den Rudelregeln und akzeptiert brave Familienmitglieder, und sei es eine Katze. Das funktioniert nur dann nicht, wenn der Hund gegen Katzen aufgehetzt und scharf gemacht wurde und somit dann dem Wesen der anderen Art voreingenommen gegenübersteht. Im häuslichen Umfeld leben Hund und Katze aber meistens friedlich zusammen. Nur außerhalb nicht. Da sind sie gern die sprichwörtlichen Streithansel vom Dienst. Da hetzen Hunde, die zu Hause im Körbchen mit ihren Katzenlieblingen schmusen, alle fremden Katzen auf der Straße übern Zaun. Das scheint eine Art Hundesport zu sein.
Die Katze sieht die Sache mit dem Hund wohl etwas differenzierter als nur „drinnen hui, draußen pfui". In der eigenen Wohnung zieht sie ihre persönlichen Vorteile aus einem Burgfrieden. Sobald klar

Weich – und warm ...

ist, dass der sabbernde Alien auf die Anwendung roher Gewalt verzichtet, testet sie aus, wie weit sie gehen kann. Sie klaut ihm Futter, kuschelt sich an sein warmes Fell, spaziert mit Triumph im Blick vor seinen Augen hinaus durch die Katzenklappe, springt ein Stück bei seinem Spaziergang nebenher, während er angeleint sein muss. Sie spielt mit seiner Schwanzspitze oder seinen Ohren, jagt mit ihm durch die Wohnung und besetzt Herrchens Schoß, während er ihm nur zu Füßen liegt. Sie versteht ihn zwar nicht (warum hebt er auch die Pfote, wenn er gar nicht zuhauen will?), aber sie mag den Dummbart irgendwie. Nur seine Artgenossen findet sie unakzeptabel, solche Köter, die nichts Besseres zu tun haben, als Katzen auf der Straße übern Zaun zu hetzen.

Katzenhaltung ist billig. Für einen überheblichen Hundehalter ist eine Katze so etwas wie ein Armeleute-Tier. Im Frühling und Herbst werden einem die Jungtiere umsonst aufgedrängt, ohne dass man es eigentlich will. Steuer und Versicherung gibt es für sie nicht. Aber die Hundehalter täuschen sich. Nach einer Berechnung des Deutschen Tierschutzbundes sind die Futterkosten für eine Katze rund ein Fünftel höher als für Hunde, die häufiger Trockenfutter bekommen. Denn Hundehalter lassen sich das Gemäkel einfach nicht so leicht gefallen. Katzenhalter geraten dagegen ziemlich schnell in Panik, wenn die Katze irgendwann plötzlich nichts mehr frisst. Ein solches Nein zum Napf kann bei einem eigensinnigen Stubentiger tagelang anhalten, verschwindet aber zumeist so unerwartet wie es kam.

Dass Katzen schwieriger als Hunde zu ernähren sind, spiegeln auch ein paar harte Fakten wider: Die Futtermittel-Industrie bietet für Katzen eine größere Vielfalt als für Hunde an. Die Zeitschrift „ökotest“ widmete sich dem Thema vor Jahren und schrieb: „Die Auswahl ist größer als bei Hundefutter, denn Katzen sind wählerisch und entwickeln leicht Vorlieben und Abneigungen. Allein der Marktführer, die Mars-Tochter Effem in Verden bei Bremen, bietet für Katzen rund 100 verschiedene Produkte an.“

Neben dem Futter entstehen einige weitere Kosten. Der Einstiegspreis in die Hauskatzenklasse mag mit null Euro vielleicht etwas zu tief angesetzt sein, die Luxusklasse ist jedenfalls genauso teuer wie die der Hunde. Und die Betriebskosten summieren sich ganz schön, egal welches Modell man besitzt. So lässt ein Katzenhalter in Wirklichkeit für seinen Liebling viel mehr Geld in Geschäften, als ihm bewusst ist. Mehr als jeder zweite gibt pro Katze über 50 Euro im Monat aus und etwa jeder vierte sogar über 100 Euro.

Futter und Katzenstreu müssen ja sein. Dann ein Leckerchen hier, ein Drop da. Ein Tierarztbesuch wird nötig. Ein Transportkorb muss her. Und gab's da nicht im Katalog so nette Sets als Unterlage für die Futternäpfe? Und die praktische Katzentür mit Magnetverschluss! Vielleicht auch die hübsche Sisalmatte als Pfotenabstreifer vor der Katzenklappe? Ein Kratzbaum. Eine Katzenhängematte für die Heizung. Und fürs Wohnzimmer dieses kleine, süße Katzensofa. Für draußen eine Leine mit Sicherheitshalsband. Ein Balkonnetz wäre nicht schlecht, am liebsten eine katzensichere Gartenumzäunung. Sollte man nicht mal Katzenminze anpflanzen? Der Baum braucht eine Manschette, damit die Vögel in Ruhe brüten können. Der Nachbar vermisst seinen Goldfisch. Man zahlt und schweigt. Aber man gönnt sich ja sonst nichts, auch nicht dem eigenen Mann.

Denn die Katze wird sogar teurer ernährt als dieser, gaben 28 Prozent und somit mehr als ein Viertel der Katzenhalterinnen in England bei einer Marktforschung im Jahr 1994 an. Wenn man die Mengen vergleicht, die ein ausgewachsener Mann im Vergleich zu einer kleinen Katze vertilgt, ist das eine erstaunliche Erkenntnis. Der Grund ist schnell gefunden: 74 Prozent der Katzenhalterinnen sagen, ihre Mieze sei schwieriger zu ernähren als ihr Partner.

Katzenklappen erleichtern das Leben.

Fragt sich wem. Manchmal hat's damit nur der Rambokater vom Nachbarn leichter, sich nachts durchs Haus zu schleichen, zur Küche vorzudringen und die Näpfe zu plündern. Wenn das alles wäre, könnte man noch damit leben, vielleicht sogar das hauseigene Katzenvolk.

Dabei sind die Eindringlinge nicht nur am Futter interessiert, manchmal sogar gar nicht, sondern sie verfolgen ihre Rivalen bis hinein in die Wohnung, nehmen ihnen das letzte Stück Sicherheit, markieren Wände und Türen und verprügeln die vierbeinigen Hausbewohner, die sich nicht rechtzeitig verstecken können. Die wiederum pinkeln ein aus Angst, Frust und Protest. Ein Problem, das auch Katzenklappen-Herstellern bekannt ist: Sie entwickelten Türen, die mithilfe eines Magnet-Schlüssels am Halsband nur den Katzen öffnen, die hier zu Hause sind.

Putzen ja – aber nicht die Wohnung.

Was haben Katzen und Mädchen im Teenageralter gemeinsam? Sie betreiben stundenlange Körperpflege. Sie putzen sich heraus, bis sie rundum appetitlich aussehen und riechen. Um sie herum aber sieht's aus! Bei den Mädchen sind das Schminktöpfe, Eyeliner, Tops und Drops, und wenn man Glück hat, beschränkt sich das Durcheinander auf Bad und Mädchenzimmer. Katzen beglücken dagegen die ganze Familie und die komplette Wohnung mit ihren Spurenelementen.

Rund um den Futternapf sieht es so aus, als hätte dort ein Schwein herumgeferkelt. Rund um das Katzenklo sieht man ebenso, dass kleine Schweinchen hier waren. Denn beliebt ist bei manchen Katzen, die halbe Streu, mit Inhalt sozusagen, rauszuscharren. Häufig gesehen sind auf den Teppich ausgewürgte Katzengrasreste. Und Freilaufkatzen können noch mehr: Ihre Schmutztapper zieren das

Reinliche Katze?

Veloursofa, wo im Vorfrühling und Herbst haarige Kompositionen auf Sessel, Couch und Bettdecke davon künden, dass wieder ein halbes Jahr um ist.
Kreisrunde rote Flecken auf dem Boden verraten, dass mal wieder eine vollgesogene Zecke versucht hat, wegzukommen. Beim Versuch stecken geblieben, im Teppich. Stattdessen ziert das Tier als rote und runde Flecken den Flor sowie das Gegenstück, irgendeine Schuhsohle der Hausbewohner.
Und noch eines haben Katzen und Teenager miteinander gemein: Keiner von ihnen käme jemals auf die Idee, solche Flecken freiwillig wegzuputzen.

Handaufzucht macht besonders zahm.

Das stimmt zwar, allerdings macht sie auch verhaltensgestört. Denn irgendeine Macke haben nahezu alle Katzen, die mit der Flasche großgezogen wurden. Das fand die französische Wissenschaftlerin Nicole Ver aus Toulouse heraus, als sie sich dafür interessierte, wie die optimale Aufzucht junger Katzen aussehen sollte, damit aus ihnen fröhliche und unkomplizierte Heimtiere werden. Sie verglich drei Gruppen junger Perserkatzen: Solche ohne menschliche Zuwendung, also nur mit der Mutter; Kätzchen, die bei der Katzenmutter mit täglichem Kontakt durch einen Menschen aufwuchsen und Waisenkätzchen, die mit der Hand großgezogen worden waren.

In ihren Ergebnissen stellte sie fest, dass die von Hand aufgezogenen Tiere ebenso Verhaltensstörungen (etwa Nuckeln, Treteln, übermäßig anhänglich an eine Person, u. a.) entwickelten, wie die Kätzchen, die ohne menschlichen Kontakt erwartungsgemäß scheu blieben.

Katzenhalter sind ungebunden.

Zu den bestgehüteten Geheimnissen der Katzenbesitzer gehört, dass sie sich viel stärker nach ihren Katzen richten, als sie zugeben. Eine sehr anhängliche Katze, die nur glücklich ist, wenn ihr Mensch da ist, kann einem Katzenfreund so große Sorgen machen, dass ihn schon allein der Gedanke an ihr Leiden von Urlaubsplänen abhält. Manche Katzenhalter lösen das Problem, indem sie ihr Tier mitnehmen, was einem Sensibelchen auch lieber ist, als allein zu Hause bleiben zu müssen.

Zu wissen, dass zu Hause nichts in Ordnung ist, nimmt anderen völlig die Lust, woanders als auf dem Balkon Urlaub zu machen. Manche geben es unumwunden zu, dass sie keinen Urlaub machen können. Viele im Freundeskreis jedoch haben für diesen Grund kein

Katzenhalter: Frei und ungebunden?

Verständnis. Nur ein echter Tierfreund versteht, dass man keine Freude im Urlaub haben wird, wenn man weiß, dass der allein gelassene Katzenliebling in tiefe Depression fällt, tagelang nichts mehr frisst und dann völlig verstört sein wird, wenn sein Halter zurück ist. Ein solcher Urlaub ist keine Erholung, genau genommen sogar eine völlig unnötige Ausgabe, die man sich besser erspart hätte.

Mopsgesicht und Silberblick

Edelkatzen können alles sein, sogar ganz normale Hauskatzen

Die einen halten es für völlig überzogen, für eine Katze 500 Euro oder sogar das Doppelte auszugeben. Die anderen sehen es als unerhört leichtsinnig an, eine Katze draußen herumstreunen zu lassen. Die Edelkatzen tragen mit Strass besetzte Colliers, die Hauskatzen allenfalls ein Halsband mit Adressschild und Magnetschlüssel für die Katzenklappe. Auf den ersten Blick scheint sich die Erde der Hauskatzen mit dem entfernten Planeten, auf dem Rassekatzen sitzen, nicht um die gleiche Sonne zu drehen. Und doch sind beide Welten enger miteinander verwoben, als diese Umstände vermuten lassen.

Hauskatzen sind keine Edelkatzen. Eigentlich logisch. Denn wenn man sich nicht gegen das Einfache und Schlichte abheben kann, weil alle gleich sind, dann gibt es kein „edel" und von „Rasse" zu sein, wäre nichts Besonderes. Die Rassezucht braucht geradezu die Existenz der Hauskatzen und Mischlinge, um sich abgrenzen zu können. Die Hauskatzen kamen ihrerseits immer ganz gut ohne Rassenkonkurrenz auf dieser Welt zurecht. Die Weibchen fanden auch ohne Blick in ein Deckkaterverzeichnis einen passenden Vater für ihren Nachwuchs. Alles war in bester Ordnung und das Nicht-Beachten des jeweils anderen hatte schon Jahrhunderte Tradition, als dann plötzlich ein Züchter auf die Idee kam, eine Hauskatzen-Rasse zu züchten. Heraus kam die „Europäisch Kurzhaar". Sie wurde als Prototyp der alten Hauskatze gezüchtet, die sich in vielen Jahrhunderten auf dem europäischen Kontinent entwickelt hat. Bald wird dieser Typ vielleicht nur noch in ihr verkörpert sein, denn viele ungewollte oder gewollte Verpaarungen von Hauskatzen mit Edelkatzen aller Arten verändern das Aussehen der Rasselosen immer mehr. Es entsteht durch die freie Verpaarung eine Vielzahl von Mischlingen mit einem Durcheinander von Formen und Farben und bald wird kaum mehr jemand wissen, wie die Bauernkatze vor 100 Jahren ausgesehen hat. Schon jetzt sehen die Zuchttiere deshalb anders aus als die meisten Hauskatzen.

Genau hierin liegt aber die Chance der Europäisch Kurzhaar als Zuchtkatze. Solange sie nämlich tatsächlich einfach nur hauskatzig wirkte, wollte man nicht gern viel Geld für sie zahlen. Inzwischen sieht sie der Britisch Kurzhaar etwas ähnlicher als früher, und schon steigt der Beliebtheitsgrad. Eine Rasse soll nach was aussehen, nur nicht nach „normal“. Und allein die Tatsache, dass die EKH (Europäisch Kurzhaar) eine Rassekatze wie Perser oder Siam mit Ahnentafel ist, entlockt vielen Katzenfreunden noch immer ein Stirnrunzeln.

Katzenshows sind modern.

Das kommt darauf an, was man als modern ansieht, denn die erste Rassekatzen-Ausstellung gab es schon im Jahr 1871. Und das ist für eine vermeintlich moderne Zeiterscheinung westlich orientierter Kulturen doch schon ziemlich lange her. Dazwischen liegen immerhin rund 140 Jahre und zwei Weltkriege. Diese erste offizielle Katzenausstellung wurde damals im „Crystal Palace“ in London abgehalten, Amerika folgte 1895 und Deutschland erst nach dem ersten Weltkrieg in den 20er-Jahren des vergangenen Jahrhunderts. Somit haben Katzenausstellungen schon eine ziemlich lange Tradition. Die Rassen, die man damals sah, unterschieden sich von den heutigen nicht so sehr, wie man meinen könnte. Es gab schon damals die wesent-

Hauskatzen: Die heimliche Nr. 1!

lichen Grundtypen: Hauskatze, Perser, Siam und Halblanghaar. In Amerika war sogar von Anfang an die Maine Coon dabei.

Shows sind nur was für Rassekatzen. Es stimmt zwar nicht, dass nur Rassekatzen auf einer Katzenausstellung zu sehen sind oder dort bewertet würden, aber den Hauskatzen-Haltern ist das nicht wichtig. Denn wenn man sie befragt, ist ohnehin gerade die ihre, also die eigene Katze, mit Abstand die Schönste, ihr ganz persönlicher Grand Champion, ihr vorzüglichster Liebling, der keine Show braucht, weil er sich selbst bestens darauf versteht, eine Show zu machen, zum Beispiel beim Frühstück-Herbei-Zauber-Trick …

Aber im Ernst: Die Hauskatze ist tatsächlich ebenfalls zum Wettbewerb der schönsten Katzen zugelassen, zwar nur als Randfigur und außer Konkurrenz, aber immerhin darf sie kommen, oder vielmehr mitkommen. Denn meistens gehören die ausgestellten Hauskatzen den Züchtern, die ohnehin auf der Show präsent sind. Und einen Standard, also ein Bewertungsschema, an dem sich die Showrichter orientieren, gibt es auch. Wenn Züchter eine Hauskatze beschreiben, dann liest sich das etwas ungewohnt, und wer darin keine Übung hat, würde vielleicht nicht einmal die Hauskatze an sich herauslesen. Eine solche Beschreibung nennt sich „Standard" und hier einmal der von der World Cat Federation (WCF):

„Die Katze besitzt einen ausgewogenen, kräftigen Körperbau bei exzellentem Ernährungs- und Allgemeinzustand. Der Schädel besitzt eine gute Proportion zum Körper und sanfte Konturen. Die Ohren haben eine zum Kopf passende Größe und Form. Die Augen sind lebhaft und ausdrucksvoll. Das Fell ist kurz, dicht und glänzend. Alle klassischen Farben sind erlaubt. Die Farben Chocolate und Cinnamon sowie deren Verdünnung (Lilac und Fawn) sind in allen Kombinationen (Bicolour, Tricolour, Tabby) nicht anerkannt. Der Pointfaktor ist ebenfalls nicht anerkannt. Alle anderen Farben sind anerkannt und die Beschreibungen sind der allgemeinen Farbliste zu entnehmen. Erwachsene Tiere sollten kastriert sein. Die Hauskatze soll kein Rassemischling sein."

Die Hauskatze kann also auch ein Rassemischling sein, weil sie ohnehin nicht in der Champions-League mitspielt. Es gibt 18 verschiedene Wettbewerbsklassen, die zwei letzten davon für die Hauskatze: Die Farbbestimmungsklasse ohne Klassifizierung und der Wettbewerb zur „Besten Hauskatze".

Zur „Best in Show" dürfen sie nicht antreten. Das würde wohl einige Verwirrung in den Reihen der Edelkatzenzüchter stiften. Aber warum sieht man trotzdem Hauskatzen bei Ausstellungen? Weil manche Rassezüchter neben ihren „edlen Tieren" auch rasselose und hübsche Katzen beherbergen, die sie ganz einfach nicht allein zu Hause lassen wollen.

Eine Ausstellung ist Quälerei.

Das kommt ganz auf die Katze, und was sie gewohnt ist, an. Denn nur mal kurz reinkommen, Katze auf den Richtertisch stellen, womöglich im Korb, und wieder gehen – so funktioniert das nicht. Man sitzt stundenlang bei der Katze, die in einem Ausstellungskäfig untergebracht ist, den man vom Veranstalter gestellt bekommt. Und dann kommt ein so genannter Steward, der die Katze abholt und zum Richtertisch bringt. Der Halter geht nicht mit. Daran scheitert es, eine Show-ungewohnte Katze bewerten zu lassen. Aus reiner Neugier eine Hauskatze und vielleicht sogar noch eine Freilaufkatze zu einer Show zu schleppen, geht sicher ins Auge, vermutlich mit zehn Krallen gleichzeitig. Für die Katze ist das wie ein Angriff auf Leib und Leben: Wenn der Richter seinen Steward-„Henker" bittet, die Widerspenstige zum „Exekutionstisch" zu bringen, kämpft sie wie eine Kamika(t)ze um ihr Leben. Sie liefert eine tolle Show und bekommt doch keine Bewertung.

Außer Spesen ist dann für den Halter nichts gewesen: Immerhin summieren sich die Kosten für eine Teilnahme doch auf einen Betrag, mit dem man möglicherweise ein Jahr lang Katzenfutter kaufen kann, wenn das Unternehmen Katzenshow auch noch Hotelkosten erforderlich macht. Aber auch ohne diese sind 20 Euro Meldegebühr, Käfigeinrichtung, Katalog, Verpflegung und Anreisekosten immer nötig. Und der Teilnehmer muss sich verpflichten, den ganzen Tag mit der Katze anwesend zu sein.

Für die echten Showkandidaten ist dieser Ausstellungstrubel keine Quälerei, weil sie ihn schon als kleine Kätzchen kennenlernen konnten und deshalb gewohnt sind. Und Züchter gewinnen sogar häufig den Eindruck, dass die Katzen es sogar genießen mitzukommen, es vielleicht sogar auch als willkommene Abwechslung für ihr abenteuerloses Leben in der Wohnung ansehen. Aber so sehr spannend ist es auch wieder nicht, wenn die Menschen in Scharen am Käfig vorbeiziehen. Kaum anzunehmen, dass eine Katze so etwas denken würde wie: „Ui schau, da kommt schon wieder ein Mensch!“. Die meisten verschlafen den Tag und ruhen sich auf ihren Lorbeeren aus, sofern sie welche gewonnen haben.

Was die Teilnahme an einem Schönheitswettbewerb für die Katzen eindeutig unangenehm macht, besonders für die langhaarigen Katzen, ist am Showtag schon vorbei. Die intensive Körperpflege mit Kämmen, Entfilzen, Baden, Waschen, Fönen, Pudern etc. mögen sie nicht besonders. Auch das ist Gewohnheit und die Kandidaten nehmen den Waschzwang erstaunlich gelassen hin.

„Langhaar“ ist doch keine Rasse.

Da besteht ein kleiner, aber feiner Unterschied zwischen Langhaar-Katzen und langhaarigen Katzen. Die Perser und sonst keine ist eine echte „Langhaar“. Andere mit längerem Haar fallen unter den Begriff „Halblanghaar“, unabhängig davon, ob die Katze wie in heißeren Klimazonen klein, zierlich ist und seidiges Fell besitzt, oder ob sie groß und kräftig ist und ihr Fell wie eine Öljacke

„Mach mal halblang.“

um die Flanken zottelt, um wasserabweisend die Katze vor Wind und Wetter zu schützen. Unter diesen Begriff Halblanghaar fällt zum Beispiel die Balinesin, eine langhaarige Siamkatze, oder die Somali, eine langhaarige Abbessinier. Auch die Katzen aus dem kalten Norden mit ihrem Zottelfell machen halblang: Die Sibirische Katze, die Norwegische Waldkatze und Maine Coon aus dem hohen Norden, sie alle sind keine langhaarigen Katzen. Ihr Deckhaar sieht lang aus, kommt aber um einige Zentimeter nicht an das der Perser heran. Dieses erreicht leicht eine Länge von zehn Zentimetern und mehr. Den Waldkatzen fehlt im Sommer zudem die dichte Unterwolle, die eine Perser das ganze Jahr über wärmt.

Perser sind Angorakatzen.

Lange Zeit wurden im allgemeinen Sprachgebrauch die langhaarigen Katzen als Angoras bezeichnet, unabhängig davon, ob tatsächlich eine der schlanker gebauten Angoras gemeint war, oder eine Perserkatze, die von der Statur her viel stämmiger ist, längere Haare hat und sich in noch weiteren Punkten von der Angora unterscheidet, allerdings heute viel deutlicher als zu den Zeiten, als die Rassen noch nicht eindeutig getrennt waren und immer wieder Tiere in den Zuchten auftauchten, die man heute sofort als Mischlinge aussortieren würde. Für den Laien war der Unterschied ohnehin nicht immer zu erkennen, da die Perserkatzen früher nicht so extrem auf rundlich und stämmig gezüchtet wurden wie heute. Damals war der Unterschied etwa wie der zwischen Käfer und Beetle. Inzwischen wären Perser als Kompaktwagen und Angoras als Coupé unterwegs. Heute verwechseln nur noch ältere Leute die beiden Rassenbegriffe, kaum aber die beiden Rassen, erst recht nicht dann, wenn sie beide vergleichen können.

Den Namen „Angora“ behielten die schlanken Katzen. Diese Rasse heißt korrekt „Türkisch Angora“ und repräsentiert heute die elegan-

ten Katzen aus der Türkei, die in ihrer Heimat seit mehr als 400 Jahren bekannt sind und auch gezüchtet werden. Sie ist damit eine der ältesten Katzenrassen. Aber sie wurde durch das Auftauchen der rundlicheren Perser mit ihrem fülligeren und noch längeren Fell immer mehr zurückgedrängt. Um das Jahr 1900 war sie in ihrer ursprünglichen Form überhaupt kaum noch zu sehen und ihr Name stand plötzlich für eine anders aussehende Katze. In der Abgeschiedenheit türkischer Paläste züchtete man die Originale aber noch immer und als dann 1938 der Staatsgründer Atatürk starb, glaubte man sogar, er würde als weiße Angorakatze mit einem roten und einem blauen Auge wiedergeboren. Nun waren die weißen Angoras besonders interessant. Aber deshalb verschenkten die Türken auch keine Katzen ins Ausland.
In den 60er-Jahren kam dann doch ein Zuchtpaar von dort in die USA. Inzwischen folgten ihnen unzählige nach, die in einer großen Vielfalt von Farben und Fellzeichnungen gezüchtet werden. Nur weiß ist selten, da solche Tiere häufig taub sind – vielleicht ein Glück für den türkischen Staatsmann. Denn als Katze eines westlichen Züchters wiedergeboren zu werden, wäre zwar sicherlich eine neue Erfahrung für ihn, aber auf Ausstellungen einem Showrichter vorgeführt zu werden, würde ihm sicher nicht besonders zusagen.

Hauptsache schön.

Interessieren sich Züchter nur für das Äußere der Katze, nicht aber für das Wesen oder gar für die Gesundheit? Das denken viele, da bei manchen Rassen tatsächlich kranke Merkmale regelrecht gezielt gezüchtet wurden, etwa schielende Siamkatzen und solche mit Knickschwanz. Das hielt man für ein Rassemerkmal, bis die moderne Tiermedizin diese Erscheinungen eindeutig als Erbkrankheiten einstufte, die nicht zum Merkmal einer Rasse gehören sollten. Inzwischen sind Krankzuchten gesetzlich verboten. Und in vielen Fällen haben sich die Zuchtverbände schon aus eigenem Interesse Richtlinien geschaffen, die vorsorgen sollen, dass nicht mit erbkranken Tieren gezüchtet wird. Die seriösen Züchter wollen ja selbst keine kranken Katzen. Anderen es egal ist, ob ein Katzenbaby schon krank zur Welt kommt und nach einigen qualvollen Monaten stirbt. Und um keinem solchen schwarzen Schaf auf den Leim zu gehen, erkundigt man sich vor dem Kauf über den Züchter und sieht sich das Umfeld gut an.

Aber zwischen gesunden Erbanlagen und kranken gibt es eine Grauzone, die auch die Experten, die sich mit dem Tierschutzgesetz befassten, nur schwer eingrenzen konnten. Eine Perserkatze mit stark eingedrücktem Gesicht zum Beispiel: Dass das noch schön ist, finden die meisten Katzenhalter ohnehin nicht. Wenn aber die Tränenflüssigkeit nicht mehr richtig ablaufen kann, ist's eindeutig ungesund. Oder das dicke, dichte Fell einer Perser – auf sich allein gestellt könnte sie es gar nicht pflegen. Es würde zur starren Platte verfilzen. Als Qualzuchtmerkmal gilt das jedoch nicht, weil man davon ausgeht, dass der Käufer dieser Rasse das Fell pflegt. Manche Merkmale tauchen nur bei einigen Katzen auf wie Taubheit bei weißen Katzen, andere nur bei bestimmten Verpaarungen und sind dann mit weiteren Defekten gekoppelt.

Weiße Katzen sind immer taub.

Sie können taub sein, sind es aber nicht immer. Und deshalb haben sich vor einigen Jahren die Züchter massiv dagegen gewehrt, dass sie mit weißen Katzen nicht mehr züchten sollten. Gerade bei der Perser, aber auch bei der Türkisch Angora, Britisch Kurzhaar und nahezu allen anderen Rassen, bei denen Weiß als Fellfarbe vorkommt, war es vielen Züchtern einfach egal, ob die Katze hören konnte oder nicht. War das Aussehen toll, sollte sie es auch weitervererben … Diese und andere Krankzüchtungen ohne Rücksicht auf das Tier brachten Naturschützer sehr gegen die Zucht an sich auf. Das führ-

te dazu, dass Gutachter lange Listen von problematischen Rassen und Merkmalen ausarbeiteten, von denen viele ins Tierschutzgesetz als unzulässig aufgenommen wurden, einschließlich der weißen Katzen. Die Zuchtvereine retteten ihre weißen Katzen jedoch dadurch, dass sie von jedem Züchter, der mit einer weißen Katze züchten möchte, verlangten, dass er das Tier einem Hörtest unterziehen lässt. Dazu wurden spezielle audiometrische Verfahren und Geräte entwickelt, mit denen man zweifelsfrei feststellen kann, ob eine Katze hörfähig ist oder nicht.

Nun haben weiße Katzen manchmal keine blauen Augen, sondern gelbe oder ein blaues und ein gelbes. Man nahm an, dass die mit den gelben Augen weniger häufig taub wären, als die mit blauen und bevorzugte die Farbigen, da immerhin jede vierte weiße Perserkatze mit blauen Augen taub geboren wurde. Aber so einfach ist

das Problem nicht gelöst, denn auch Tiere mit gelben Augen können manchmal nichts hören.
Und selbst wenn, heißt das nicht, dass die Jungtiere das genauso erben. Auch eine scheinbar gesunde Weiße bekommt nicht immer hörfähige Junge. Die Vererbbarkeit ist nämlich nicht eindeutig zu erkennen. Es genügt manchmal schon, dass nur der Kopf einer Katze weiß ist, um Taubheit hervorzurufen. Hier einen klaren Weg zu finden, darum bemühen sich die Züchter noch immer. Durch ihre internen Bestimmungen konnten die Zuchtvereine immerhin ein komplettes Verbot von weißen Katzen verhindern.
Eine Ausnahme gibt es für die Freunde siamschlanker Katzen: Die Foreign White, ein relativ seltener Farbschlag dieser Rasse. Sie ist von der Taubheit nahezu völlig unberührt und zwar deshalb, weil das Weiß anders vererbt wird. Der helle Siamkörper hat eigene Erbregeln, und dass manche ganz weiß sind, heißt nur, dass die sonst farbigen Stellen der Katze jetzt auch weiß sind. Eine helle Katze mit hellen Abzeichen. Da Siamkatzen umso dunkler werden, je mehr sie der Kälte ausgesetzt sind, wird das auch mit einer Foreign White passieren: Ihr Fell dunkelt in unserem Klima etwas nach, wenn man sie hinauslässt.

Nacktkatzen haben kein Fell.

Wer jemals eine Sphynx-Katze gesehen hat, vergisst den Anblick kaum wieder. Diese dünnen nackten Körper mit dem kleinen Kopf mit den großen Augen ... Man glaubt unwillkürlich, dass die einen unglücklich ansehen, weil sie die ganze Zeit so frieren. Der normale Katzenfreund würde einer solchen Katze am liebsten ein Fell über die Ohren ziehen. Die Züchter und Halter sehen das anders. Sie sagen, dass der Schein trügt, dass die Katzen sich normal benehmen und keineswegs unglücklich sind. Und nackt sind sie auch nicht. Die Haut ist bedeckt von einem feinen Flaum von Haaren, die der Unterwolle an-

Sphinxkatzen sind nicht ganz nackt.

derer Katzen entspricht. Die Züchter waren mit ihrer Darstellung gegenüber dem Gesetzgeber erfolgreich. Sphynx kann gezüchtet werden, unterliegt jedoch einer genauen Kontrolle, um kranke Extremzuchten zu verhindern.

Reinrassig sind nur die Edelkatzen. Was reinrassig bedeutet, ist reine Definitionssache. So, wie die Zuchtvereine es definieren, stimmt es, dass nur Edelkatzen reinrassig sind. Sieht man die Herkunft vieler Rassen, muss man nur wenige Jahre zurückverfolgen und kommt auf Tiere, die eher viel- als reinrassig waren und auch in Züchteraugen keinen Anspruch auf Edles hatten. Erst durch die gezielte Verpaarung wur-

de eine Rasse draus. Es ist ja schon chic, eine Rassekatze zu besitzen, noch besser: eine seltene Rasse zu haben. Das Höchste der Gefühle jedoch ist es für einen Züchter, selbst eine neue Rasse gezüchtet zu haben. Aber so einfach geht das natürlich nicht.
Die meisten unserer Katzen, geschätzte 80 Prozent, kommen auf Hauskatzen- oder Mischlingspfoten daher und landen in irgendeinem liebevollen Zuhause als Streicheltier. Gelegentlich aber werden sogar unter diesen Tieren einige mit einem besonderen Merkmal richtiggehend entdeckt und dienen als Ahnfrau (oder –herr) einer neuen Rasse. Bis dahin ist es ein langer Weg. Erst nach vielen Katzengenerationen, Prüfungen und Bewertungen durch Zuchtvereine kann ein solcher Zuchtstamm schließlich anerkannt werden. Und dann nennt man diese ursprünglichen rasselosen Katzen Edelkatzen und sieht sie als reinrassig an. Voraussetzung dafür ist, dass es ausreichend Katzen gibt, die diesem neuen Look entsprechen und diesen natürlich auch genau so weitervererben, wie es der Züchter gerne hätte.

Nur Hauskatzen sind noch natürlich.

Das mag manchem so vorkommen, weil ihm nicht bekannt ist, dass es durchaus Katzenrassen gibt, die sich in bestimmten Gegenden bzw. Lebensräumen entwickelt haben. Es gilt auch als etwas Besonderes, eine solche Katzenrasse zu finden. Ein Beispiel ist die „Türkisch Van“, eine Halblanghaarkatze in Weiß mit typischen rotbraunen Abzeichen. Sie hat sich in der ostanatolischen Region um den Van-See gebildet, genau genommen durch jahrzehntelange erzwungene Inzucht im kleinen Kreis der Katzen, die es dorthin verschlagen hat, wo außer dem See und der Uferzone nur karge Gebirge zu finden sind. Immerhin jedoch war die Anzahl der Katzen groß genug, um einen gesunden und robusten Stamm zu bilden.

Auch die Maine Coon oder die Norwegischen Waldkatzen sollen vor vielen Jahren als von der Natur vorgezüchtete Rasse entdeckt worden sein. Wie viel von diesen Tieren in den heutigen Zuchtlinien steckt, ist nur schwer noch nachvollziehbar. Denn so weit gehen Ahnentafeln nicht zurück. Mit Glück kann man Stammbäume ein paar Jahrzehnte zurückverfolgen, kaum aber bei den sehr alten Rassen, zu denen Siam, Perser, Maine Coon, Britisch Kurzhaar mit Kartäuser, Türkisch Angora und andere gehören. Manche Rassen entstehen in den Händen eines kleinen Züchterkreises. Dort ist die Chance, ein Tier bis zum Ursprung der Rasse zurückverfolgen zu können, am größten. So etwa bei der Ragdoll oder neueren Rassen wie Bengalkatze oder noch selteneren Rassen wie Savannah.

Bei den Rassen gibt's zuviel Inzucht. Züchten mag „in" sein, aber Inzucht ist es nicht. Denn die Zuchtrichtlinien der Vereine erlauben keine zu enge Verpaarung unter Katzen mit gleichen oder ähnlichen Vorfahren. Eine Verpaarung von Verwandten findet allerdings durchaus statt, wobei manche Vereine festlegen, dass etwa Geschwisterverpaarungen nicht, Eltern-Kind-Nachwuchs jedoch zulässig sind. Genauer gehen die vor, die einen Inzucht-Wert errechnen. Diese Methode zeigt übrigens, dass der Wert bei Geschwister- oder Elternteil-Kind-Verpaarungen gleich ist und bei 25 Prozent liegt, was dem einen noch akzeptabel erscheint, anderen nicht mehr. Grundsätzlich sind jedoch die Vereine bemüht, Tiere mit unerwünschten Erbfehlern gar nicht erst entstehen zu lassen und das betrifft nicht nur die Schönheit, sondern auch die Gesundheit.

Am Namen erkennt man die Herkunft. Manchmal ja. Manchmal sieht es nur so aus, wenn Rassen mit klingenden Länder-, Städte- oder Inselnamen auftreten. Balinese, Javanese, Somali, Bombay, Havana, Himalaya, Cymric – das sind alles wohlklingende Namen, die mit der Herkunft

nichts zu tun haben. Als Rasse-Varietät zu einer bekannten Rasse wählte man für sie nur einen geografisch „benachbarten“ Namen. Die halblanghaarigen Siamkatzen heißen „Balinese“ nach Bali, einer Nachbarinsel Thailands (früher Siam). Mit der Insel haben die Katzen, die genauso gut „Siam Halblanghaar“ heißen könnten, nicht mehr oder weniger zu tun als die Siamkatzen selbst.
Interessant ist, dass die durchgefärbten „Siam“-Katzen, also solche, die zwar baugleich sind, sich aber vom Design unterscheiden, nicht nach einer der Nachbarinseln benannt wurden, sondern schlicht Orientalisch Kurzhaar, auch OKH abgekürzt. Als man aus diesen eine Variante mit längerem Haar züchtete, durfte wieder eine Insel Pate stehen, nämlich „Java“. So heißt die OKH als Halblanghaar-Rasse „Javanese“. Ähnlich kam die Somali zu ihrem Namen. Ihre Ursprünge liegen mit denen der Abessinier-Katze in Afrika. Da sie aber längeres Haar trägt, kam Somalia, das Nachbarland von Abessinien, das heute Äthiopien heißt, zu Namensehren für eine Katzenrasse.

Lifestyle, Mode, Trends

Die Wahrheit über die kreativen und sportlichen Seiten der Katzen

Nach dem Fressen sieht mancher Futterplatz aus, als hätte ein Kandinsky hier seine kreativen Spuren hinterlassen. Die verrückten fünf Minuten einer Katze erinnern an ein Fitness-Programm zwischen Aerobic und Cat-Dancing. Aber noch ist das meiste im sportlichen Bereich Freestyle und Künstlerisches rein zufällig. Nur in Sachen Lebensart haben die Katzen die Nase eindeutig vorne. Während sich die Hunde noch auf dem Sportplatz abrackern oder sich artistisch-cineastisch alle Mühe geben, gehen Katzen gleich zum gemütlichen Teil über. Gewusst wie!

Klappe, die Dritte!

Katz' ab durch die Mitte? Mit einer Katze zu filmen ist ein Erlebnis der besonderen Art. Keiner weiß, wie sie sich selbst bei guter Vorbereitung benehmen wird. Doch einem Regisseur ist nichts zu schwer? Da soll er einmal versuchen, mit einer untrainierten Katze zu drehen! Das hat's in sich. Denn genau drei Eigenarten der Katze machen sie als Darsteller für Filmaufnahmen relativ unbeliebt: Sie fühlt sich bedroht und will abhauen. Was ihr Halter dazu sagt, ist ihr egal. Und überhaupt lässt sie sich nicht herumkommandieren.

Eine Katze lässt sich auch nicht gerne anstarren und empfindet es als feindlich, ganz besonders, wenn es fortgesetzt wird. Und bei so vielen Augen, die sie bei Dreharbeiten anstarren, nimmt eine Katze Reißaus, so schnell sie kann und egal wohin. Aus ihrer Sicht wird sie nämlich gleich von einem der großen Schwarzen Monster ge-

Der gestiefelte Cutter

fressen, die wir Kamera nennen, und die bedrohlich um sie herumfahren. Diese starren eine „Cat Blanchett“ oder einen „Leonardo di Catio“ aus dicken Linsen durchdringend und unfein an. Kein Wunder, dass die Katz' in Panik untergeht. Das heißt, sie taucht unter.
Und was gibt es in einem Studio nicht alles, was ihr Angst einflößt. Solange, bis sie sich endlich beruhigt hat (wenn überhaupt), kann ein Film- oder Fernsehteam nicht warten. Das kann Tage dauern. Und selbst wenn es schell geht, stellt sich die Frage, wie man sie dann noch dazu bewegt, das zu tun, was sie tun soll. Denn sie lässt sich nicht gerne etwas sagen oder wäre gar bereit, Anweisungen Folge zu leisten, schon gar nicht denen von einem Mann mit einem Mikrofon.
In dieser Situation kann man kaum von einer normalen Katze erwarten, dass sie nur einfach dekorativ ein Sofa mit ihrer Schönheit ziert. Viel eher ziert sie sich selbst und sitzt stattdessen unterm Sofa. Denn eine Katze beim Set weiß nicht, was die Fremden von ihr

wollen, selbst wenn sie zu Hause alle Tricks und Szenen schon geübt haben. Auf jeden Fall ist aus ihrer Sicht die Lage viel zu ernst und nun doch wirklich keine Zeit für die albernen Spielchen, zu denen Frauchen sie ausgerechnet jetzt auffordert. Zu Hause eine Futterschachtel zu öffnen ist ein Spaß für sich. Angesichts der vielen Fremden, die das Schachtel-Plündern hier inszenieren, gerade so als wäre es für sie das letzte Gericht, vergeht ihr gründlich der Appetit. Die Reisenden auf der Titanic sind ja auch nicht am Roulette-Tisch geblieben, als das Schiff unterging. Rien ne va plus. Nichts geht mehr, es sei denn ...

Es sei denn, sie ist eine Filmkatze! Und das gibt es tatsächlich: Katzen, die von Profis eigens für Rollen bei Film und Fernsehen ausgebildet werden. Ihnen ist ein Dreh eine vertraute Situation. Und die Trainer haben solche Szenen immer wieder durchgespielt, bis die Katze abgehärtet genug ist, um entspannt zu bleiben. Filmtiertrainer ist ein richtiger Beruf, eher eine Profession. Ohne Experten, die sich darauf verstehen, Tiere sowohl für bestimmte Aufgaben und Rollen zu trainieren, als auch an den Filmrummel gewöhnen, würde kaum eine echte Katze auf der Leinwand zu sehen sein. Sie bieten sogar eine Vielzahl von Katzen aller Farben und Formen an, die schon vortrainiert sind und deren Fähigkeiten dann an das Drehbuch angepasst werden müssen, oder das Drehbuch an ihre Fähigkeiten.

Wenn für ein Projekt jedoch eine besondere Fertigkeit von der Katze verlangt wird, kann sich die Suche nach einer geeigneten Darstellerin etwas in die Länge ziehen und die Agenturen testen dann auch Katzen, die bislang noch keine Erfahrung hatten, im grellen Scheinwerfer-Licht zu agieren. Rassekatzen, die auf Ausstellungen schon an Publikum gewöhnt sind, und sich gelehrig, geschickt und neugierig zeigen, sind selbstredend viel leichter an Film- und Fernseh-Rummel zu gewöhnen als eine Bauernhofkatze, die schon erschrickt, wenn ein Huhn vor ihr aufflattert.

Ohne Trick und Animation geht bei Katzen nichts, am besten gleich direkt mit Zeichentrick und Computeranimation. Dann tun die Katzen wenigstens das, was im Drehbuch steht. Erstaunlicherweise sind ihre Rollen im Film selten solche von freundlicher und liebevoll-charmanter Art. Findus aus „Petterson und Findus" sowie die Charaktere im Disney-Zeichentrickfilm „Aristocats" sind direkt eine Ausnahme. Der „gestiefelte Kater" aus dem computeranimierten Trickfilm „Shrek 2", von Beruf Attentäter, entwickelt sich zum Musketier nach dem Strickmuster „Einer für alle, alle für einen". Nur setzt er einen kätzisch seelenvollen Blick als Waffe ein, was einer Katze nie einfiele, jedenfalls nicht um im nächsten Moment draufzuhauen. Aber dieser Streifen lebt ja davon, dass alles anders ist, als es scheint. Und ein bisschen falsch sind die Katzen ja, und verlogen, hinterhältig und böse, das weiß man ja aus vielen anderen Filmen, in denen sie eine Rolle spielen. Die der Guten und Rechtschaffenen wird den Hunden oder anderen Tieren zugeteilt und sogar die Mäuse haben eher den Part des Sympathieträgers als die Katzen, diese Schurken. Man nehme nur die hinterhältigen Siamkatzen aus „Susi und Strolch", den trotteligen Kater aus „Tom und Jerry", den verfressen-gemeinen Garfield, die zickige, aber noch halbwegs erträgliche Katze aus der „Unglaublichen Reise", den bösen Hexen-Kater Maribor in „Bibi Blocksberg und das Geheimnis der blauen Eulen" und einige mehr.

Starr im Zirkus.

Noch spannender als Dreharbeiten für Film und Fernsehen können Auftritte mit einer Katze im Zirkus sein. Hier gibt es keine zweite, keine fünfte Wiederholung und auch kein Vertuschen. Jeder Trick, jedes Kunststück muss sofort klappen und das vor einem Zirkuszelt voller Leute, die dann auch noch begeistert klatschen, johlen und rufen. Diese Katzen haben zwar ihr immer gleiches Programm, aber für sie wird keine Ruhe

Zirkustricks: Katzen könnten, wenn sie wollten …

hergestellt, wie das die Filmleute tun, wenn sie so viele Störungen wie möglich auszuschalten versuchen. Im Zirkus geht's ganz anders zu: Trommelwirbel, Tusch und das Ta-ta-taa der Fanfaren heben eine Katze vom Podest, auf das sie schon erst gar nicht hinaufwollte. Eine begabte Mieze kann zu Hause so gut trainiert sein, wie sie will. In der Manege wird sie alles vergessen haben. Das Problem für die Zirkusleute ist, dass sie nicht in Echtsituation vor Publikum trainieren können. Deshalb gibt es auch so wenig Katzennummern zu sehen und das, obwohl Katzen sich auf allerlei Kunststücke einlassen. Die Dompteure und Dompteusen bedienen sich daher auch der Aufzeichnung ihrer Zirkusdarbietungen. Dann sieht man, was sie können, aber es ist eben nicht wirklich life.

Wellness für Wasserscheue.

Ein Wellness-Tempel mit Sauna-Landschaft, Gegenstromanlage und Whirlpool, Solarium und Dampfgrotte, Massage-Bereich, Ayurveda, Relax und dazwischen eine Katze? Lieber gleich vorher sterben, würde ausnahmslos jede Katze denken, hätte sie die Wahl zwischen 90 Grad Sauna oder Schwalldusche mit vielfarbiger Light-Show. Ein Catnip-Aufguss würde den Genuss nicht retten und einer mit Baldrian nicht für Beruhigung sorgen.

Wellness ist nichts für eine Katze? Doch, nur sieht das Wohlfühlprogramm für sie ganz anders aus. Allenfalls eine ölfreie Massage lässt sie sich gern gefallen, etwa als Streichelmassage, wie sie jeder hinkriegt. Mit kundigen Händen tierphysiologisch wertvoll durchzukneten – das ist der Sprung vom Wohlfühl- hin zum Wellness-Programm mit seinen kleinen, gesundheitsförderlichen Extras. Farbe, Klänge, Stoffe, Düfte – all das spricht auch Katzen an. Sogar Wasser, zum Hineinpfoteln, als Spielzeug, lieben sie es sehr, weil es sich bewegt, etwa als kleiner Brunnen. Ein tropfender Wasserhahn genügt auch schon dafür. Kaum jemand richtet nun seine Wohnung zur Wellness-Oase für seine Katzen aus, eher als multifunktionelle Spiel- und Spaßlandschaft, was den Bedürfnissen der Wohnungstiere mehr entgegenkommt. Der Trend geht allerdings bereits zum Wellness-Kratz- und Schlafplatz. Da gibt es im Handel ein „Luxus-, Erholungs- und Pflegecenter für Katzen", das beinah „vollautomatisch" die Katze bürstet und massiert. Es hat verschiedene Bürsten, an denen sich die Katze im Vorübergehen reibt und ihr Fell damit von selbst pflegt. Es gibt aber auch ein „Akupressur-Polster" und einen „Zahnfleisch-Stimulator". Das Problem dabei ist nur: Es ist sozusagen ein reines Do-it-yourself-Gerät und das heißt, die Katze muss alles allein machen. Ohne Catnip-Stimulation tut sie es nicht. Aber die Wirkung von Catnip lässt schnell nach und dann muss der Halter immer für Nachschub sorgen.

Katzen-Wellness ist „in".

Da kann man auch gleich selbst mit Düften aus dem Kräutergarten und verschiedenen Naturmaterialien eine besonders schöne Ecke für die eigene Katze schaffen. Katzenhotels nutzen den Wohlfühl-Effekt solcher kleinen Angebote schon lange, zum Beispiel das in Lünen von Familie Kersebohm. Dort können sich die Katzen auf vielerlei Weise vergnügen: Neben Heu und Stroh und Streu im Klo gibt es Holz, Plastik, Korb, Teppich, Sisal, Stein, Plüsch und vieles mehr an Material von hellen, lichten, warmen Rot- und Orangetönen bis hin zu babybunt, eben alles, was den Katzen sinnliches Vergnügen bereiten könnte. Tücher, Bälle, Spielmäuse und eine Katzenbadewanne zum Spielen!

Gestylt im Salon. Wer jemals eine widerspenstige Perserkatze gekämmt hat, oder es auch nur versucht hat, wäre froh gewesen, wenn er einen Katzenfrisör mit dieser Aufgabe hätte betreuen können. In manchen Städten gibt es diese Dienstleistung tatsächlich, zum Beispiel in den sogenannten Raubtiersalons, wo Groomer mit amerikanischer Ausbildung den Katzen auf den Pelz rücken. Bei extrem widerspenstigen Katzen können auch sie nichts ausrichten.

Katzen, die wild um sich beißen und kratzen, kuschen auch nicht vor einem Groomer. Allerdings können die Profis mit ihren Spezialgeräten viel schonender das lange Haar entfilzen, als der Halter das im heimischen Wohnzimmer mit seinem Kamm vermag. Der Katzenfrisör kann somit auch das Scheren unter Narkose für viele Katzen entbehrlich machen. Die Kosten sind etwa die gleichen, aber die Belastung für das Tier ist durch einen professionellen Fellpfleger weitaus geringer. Einen Haarschnitt nach der neuesten Mode kennt man bei Katzen nicht. Noch nicht, aber sicherlich kommt auch hier einiges auf die Katzenhalter zu – und wenn, dann wohl wie fast alle Modetrends aus Amerika.

Katzen-Klassik.

Katzen mögen keine Musik, sonst würden sie doch ihrer Lieblingsband oder -oper andächtig lauschend am Lautsprecher sitzen. Das tun sie aber nicht und so denken wir Katzenhalter, dass man ihnen mit Musik gar nicht zu kommen braucht, wäre ohnehin nur für die Katz'. Aber das muss man überhaupt erst einmal testen, und mit verschiedenen Stilrichtungen. Zeigt die Katze nur wenig Begeisterung, haben Sie vielleicht nur das falsche Programm laufen. Das jedenfalls würde Adrian Martinez, der Betreiber von DogCatRadio, einem Musiksender im Internet (www.dogcatradio.com) sagen. Seit Jahren spielt der Sender unverdrossen Musik für Tiere und ihre Halter, bei letzteren durchaus mit wachsender Akzeptanz. Inzwischen kann man die Katzenmusik rund um die Uhr hören, wenn man einen entsprechenden Media-Player aus dem Internet herunterlädt. Die Musik bewegt sich im Bereich gemäßigte Popmusik und Oldies. Musik, die ins Schlapp- und

Spitzohr geht. Tierpsychologen würden auch noch Schlitzohr sagen, denn nach Experimenten von Therapeuten, allen voran Tiertrainer und Heilpraktiker Joe Bodemann, mögen Katzen klassische Musik und keine Popmusik. In Europa kann man auch seit Jahren diverse Musik-CDs kaufen, auf denen spezielle Musik für Katzen und für andere Tierarten bis hin zu den Aquarienfischen zu hören ist. Bodemann schreibt auf seiner Website: „Empfohlen bei: Stubenunreinheit, besseres Miteinander in Gruppen, nach Operationen, bei Genesung, für das seelische Gleichgewicht bei/nach Stress aller Art, stärkt die Mensch-Tier-Beziehung. Anwendung: Die Musik muss im Raum gespielt werden, zu einer ruhigen Tageszeit, mindestens 30 Minuten, maximal zwei Stunden täglich, keine Dauermusik, die Katze muss sich entziehen können." Eine Studie an der Akademie für Tiernaturheilkunde aus der Schweiz zeigte auch, dass in einem Katzenhaus, in dem täglich eine Zeit lang sanfte Musik gespielt wird, mehr Friede herrscht als ohne.

Dem Radiomann aus Los Angeles ist es allerdings ziemlich egal, was Therapeuten zu seiner Musikauswahl sagen, weil seine Hörer anderer Meinung seien und viele zweibeinige Zuhörer von ihren positiv-musikbewegten Hunden und Katzen erzählen würden. Vielleicht steckt hierin auch gar kein Widerspruch – denn auch Tiere haben vielleicht nicht alle denselben Musikgeschmack und nicht alle brauchen eine therapeutische Berieselung.

Junkies im Schnüffelrausch.

Catnip-Spielzeug, Baldrian-Kissen, Pheromon-Therapie und auch noch Lockstoffe im Futter. Muss man sich da wundern, wenn viele Katzen nur noch schlapp herumhängen? Doch ganz so schlimm ist das nicht. Catnip und Baldrian sind flüchtige Stoffe, mit denen Katzen nur kurzzeitig Kontakt haben. Pheromone werden nur für die Therapie-Dauer einige Wochen lang eingesetzt, nur das Futter kann zum echten Dauerbrenner werden. Da lohnt es sich, aufs Etikett zu sehen. Denn manches Futter riecht abscheulich und die Katzen mögen es trotzdem besonders gern und doch ist es ohne Lock- und Duftstoff. Das wollten die Produktprüfer von „ökotest" genau wissen. Sie untersuchten Katzenfutter auf künstliche Duftstoffe, unabhängig davon, ob diese ordnungsgemäß auf der Futterpackung deklariert waren, fanden jedoch die meisten Futtersorten frei von Lockstoffen. Diese sind auch nicht wirklich nötig, weil Katzennahrung auch ohne chemische Geruchsschwaden ordentlich riechen kann. Was da so lecker bzw. scheußlich riecht, sind das Fleisch und die Soße selbst, stellte die Zeitschrift anlässlich ihres Tests vor einigen Jahren fest: „Viele glauben, ihre Katze sei von einem bestimmten Futter abhängig, weil sie nichts anderes mehr frisst. Dann ist das Tier schlicht verwöhnt – an Suchtstoffen im Futter liegt es jedenfalls nicht. Dass solche Zusätze dem Futter beigemischt sind, wird von Katzenfreunden zwar immer wieder befürchtet. „Dafür gibt es aber keine Anhaltspunkte", sagte der Tierernährungsexperte der Untersuchung vom April 1999, Dr. Jürgen Zentek.

Beim Kauf muss man allerdings auf die Zutatenliste sehen und sich über die Zusatzstoffe informieren. Sie sind teilweise nur in Gruppen zusammengefasst und nicht einzeln aufgeführt. Hinter „EU-Zusatzstoffe" verbergen sich viele künstliche Stoffe, die teilweise in Verdacht stehen, Krebs und Allergien auszulösen, und die in manchen Ländern schon verboten sind. Inwieweit diese der Futtermittelindustrie als Sucht- und Lockstoff dienen oder dienen können, bleibt unklar. Wer sicher sein möchte, dass im Futter für seine Katze nur Gutes drin ist, sollte nichts kaufen, das laut Etikett EU-Zusatzstoffe enthält. Sind die Stoffe einzeln benannt, lässt man alle Futtersorten weg, auf deren Etiketten etwas von „Farbstoff", „künstlich", „Konservierung", „Geschmacksverstärker", „Glutamat" oder „Aromen" steht. Und auch hinter den E-Nummern verbergen sich die Zusatzstoffe.

Sports? Kann ohne ... Cat-Agility ist eine der erstaunlichsten Trends dieses noch jungen Jahrtausends. Denn das ist keine Ulk-Veranstaltung oder nur eine Soft-Veranstaltung – Cat-Agility ist tatsächlich Katzensport mit echtem Wettkampf-Charakter, Regeln, Teilnahmebedingungen und Punktewertung. Hier geht's um den Sieg und nicht nur um die Ehre. Etwa bei ICAT in der Schweiz. Dort müssen die Katzen, laut Wettkampfbeschreibung einen Hindernisparcours bewältigen und können hierbei „ihre Schnelligkeit, Koordinationsfähigkeit, Intelligenz und die Qualität und Tiefe ihrer Beziehung zu ‚ihrem' Menschen zur Schau stellen."

Cat-Agility gibt es wirklich.

Dabei heißt es nicht nur Agility wie beim Hundesport, es sieht auch so aus: Es ist Aufgabe der Katze und des Besitzers, möglichst schnell einen Hindernisparcours zu durchlaufen. Allerdings finden die Wettkämpfe nicht im Freien statt, sondern in einem rundum mit Netz gesicherten Raum. „Es wird zum einen die Zeit gemessen, es gibt aber auch Punktabzüge für ausgelassene bzw. nicht vollständig bewältigte Hindernisse. Der Parcours wurde sorgfältig an die Fähigkeiten der Katzen angepasst“, so die ICAT. Und dieser kleine Katzensportverein macht Katzenhaltern auch Mut, es einmal mit Katzenagility zu versuchen: „Jede Katze, welche eine enge Beziehung zu ihrem Besitzer hat, kann lernen, mit einem solchen ‚Hindernisrennen' umzugehen. Wenn eine Katze erst einmal gelernt hat, einem Spielzeug zu folgen und die Hindernisse zu überwinden, hält sie es einfach für ein amüsantes Spiel. Sie können zum Beispiel auch einfach damit anfangen, Hindernisse in Ihrem Wohnzimmer oder im Garten aufzubauen.“
Bislang ist Agility der einzige Katzensport, der turniermäßig angeboten wird. Catchen hat, für alle, die es nicht ohnehin wissen, gar nichts mit Katzen zu tun. Das ist eine Sportart, die man als Ringen ohne Regeln bezeichnen könnte, bei der jedenfalls vieles erlaubt ist, was im Allgemeinen als zu brutal empfunden wird. Das Wort kommt auch nicht von „cat“, sondern von „to catch“: fangen. Heute ist „Wrestling“ bekannter. Katzen allerdings würden catchen – mit allen Mitteln.

Dance 4 Cats.

Das ist Schnee von gestern, wer glaubt, Katzen wären dem Tanz nicht aufgeschlossen. Im Gegenteil schwingt die moderne spirituell und musisch bewegte Katze das Tanzbein bis zum Abwinken. Oder eher so: Sie schwingt ihre Beine zur Musik und zeigt sich ekstatisch auf dem Parkett statt apathisch im Bett. Von diesen erlauchten Erleuchteten der Katzenszene gibt es bislang nur einige wenige, aber natürlich bereits eine historische Abhandlung darüber. „Mit Katzen tanzen“ zeigt Katzentanz in seiner elegantesten Form und enthüllt „das Geheimnis katzentänzerischer Bewegung von den Ursprüngen des Katzentanzes im Mittelalter bis zu seiner spirituellen Bedeutung heute“, so die Kurzbeschreibung, die keinesfalls ausreicht, um das Phänomen überhaupt zu erfassen, geschweige denn zu verstehen. Zu sehen sind „Fotos, die Mensch und Tier im Einklang der Bewegung zeigen, mit Erläuterungen zu Chi und Choreographie sowie den Erfahrungen anerkannter Katzentänzer“.

Aha, und das kann jede Katze? Freestyle können sie alle und anderes ist Training und etwas Anpassung an vier Pfoten: Walzer sieht wie eine Walze oder Rolle aus. Cha-Cha wie Catchen, Samba wie Karamba, Salsa wie Passgang, Merenge wie Mehrgehtnet, aber das macht wirklich gar nichts: Denn Katzen fehlt auch ein wenig das Rhythmusgefühl, selbst den ranken und schlanken Tänzern. Es lässt sich nicht leugnen, dass eine Speckschwarte dem Eleganten ohnehin nicht sehr förderlich ist. So sieht der Kater, der mit den Röllchen tanzt, nicht so aus, als müsse er das zum Club-Sport ausbauen. Aber der Linie tut's beiden gut, dem Catcher-Tänzer genauso wie seiner Dancing-Queen. Und deshalb: Augen zu und „Let's dance!“ Das Ganze ist natürlich inszeniert: „Es fällt nicht leicht zu sagen, was nun komischer ist, die Bilder oder der Text. Die zweibeinigen Models waren auf diesen genialen Blödsinn vorbereitet worden, man überlegt sich jedoch, was in aller Welt die Katzen wohl von ihren eurythmischen Abenteuern hielten. Bis die Kommunikation zwischen den Arten ein fortgeschritteneres Niveau erreicht haben wird, können wir nur raten!“, so die Rezension von Kerry Fried. Ein ähnliches Werk ist „Warum Katzen malen. Eine Theorie der Katzen-Ästhetik “ vom selben Autor, auch dies ein Sonderfall künstlerischen Ausdrucks bei Katzen.

Strass und Straße. Der Katze von Welt wird inzwischen ein Luxus geboten, den sich ein älterer Mensch auf dem Land kaum vorstellen kann, es sei denn, er sieht sich im Fernsehen am liebsten Sendungen rund um Stars und ihre Allüren an. Dort kann er sehen, was allein die Hunde für eine Vielfalt an luxuriösen Accessoires zur Schau tragen. Katzen ziehen aber gewaltig nach. Auch für sie gibt es mehr als nur ein Körbchen und ein Katzenklo. Zum Beispiel kann man seiner Mieze für knapp 300 Euro einen Traum von Himmelbett kommen lassen mit Lattenrost, Federkernmatratzen, frei wählbare Farbkombinationen, dabei nur knapp 70 Zentimeter lang und hoch, sowie 50 Zentimeter tief: Hinter verschließbaren, bestickten Brokat-Vorhängen, kann sie dann ihr strassglitzerndes Swarowski-Halsband, pardon: Collier, ablegen und ihre Nächte in Samt und Seide verbringen. Und wer meint, seine Katze würde lieber draußen einen draufmachen, als zu schlummern wie eine Prinzessin, kann sich auch täuschen.

Denn nachts sind Katzen bei Weitem nicht so lange draußen unterwegs, wie man annimmt. Sie sind genau genommen dämmerungsaktiv, wenn man von „aktiv" überhaupt sprechen kann. Viel lieber schlafen sie nämlich mit uns im Bett. Tagsüber suchen sie dann zum Ausgleich die Entspannung auf dem Kratzbaum. Viele tun überhaupt nichts, was mit dem Ausdruck „aktiv" bezeichnet werden könnte. Eine faule Katze kann 20 Stunden täglich auf dem Kratzbaum verbringen, sich räkeln, strecken, sonnen, dösen, schlafen, putzen, entspannen. Sie scheint sich ständig zu erholen, fragt sich nur: von was? Bei uns Menschen ist's genau umgekehrt: Wir stressen uns, machen drei Dinge gleichzeitig und können manchmal gar nicht mehr entspannen, selbst wenn wir es versuchen. Wer würde es aushalten, 20 Stunden in einer Hängematte zu liegen, allein, ohne Fernsehen, ohne Musik, Bücher, Computer? Todlangweilig wäre das, nicht? Für viele Katzen kein Problem – die machen das jeden Tag.

Auto mit Kat

Nicht alles, was sich nach Katze anhört, ist auch eine

Vor Missverständnissen ist man nie sicher. Allein im Wort „Kat" oder „Cat" steckt nicht immer eine Katze drin. Und obwohl viele Redensarten im europäischen Sprachraum gleich sind, gibt es auch für jede Sprache ganz typische Katzenredewendungen. Die einen haben „eine Katze im Hals", die anderen fühlen sich „wie der Katze Schnurrhaare", „Cats and Dogs" kann es regnen oder sie sind an der Börse verrufen. Darüber Bescheid zu wissen, kann zuweilen ganz nützlich sein, wenn man sich im Dschungel der sprachlichen Feinheiten zurecht finden will.

Auto mit Kat. In Dänemark ein Auto mit Kat zu kaufen, lässt dem Verkäufer einen weiten Spielraum. Wenn der Kunde unbedingt auf „Kat" besteht, besorgt sich ein etwas dussliger Verkäufer vielleicht sogar eine „Kat", wie die Katze im Dänischen heißt, und stellt sie im Katzenkorb auf den Rücksitz.

Gatto oder Gatta sagen die Italiener zu Kater und Katze. Wer dachte, dass es sich hier um Gatte und Gattin handelt, muss umdenken. Bei Katzen ist eine Ehe ohnehin eher ungewöhnlich. Man trifft sich, man paart sich und Mann trollt sich. Ein Gartenfreund denkt vielleicht spontan an ein Gatter, das mal dringend gestrichen werden muss. Una bella gatta ist trotzdem kein hübsch angestrichenes Gartentor, sondern ein schönes Katzenweibchen.

Auch beim Schweizer muss man gut aufpassen, was er meint. Sein „Chätzli" ist kein Schätzchen, sondern primär sein Kätzchen, allerdings mit doppelter Bedeutung. Wer aber nicht sicher ist, ob der

Auto mit Kat

Schweizer gerade flirtet oder von seiner Katze erzählt, fragt lieber noch einmal nach, ob er auch tatsächlich eine Katze hat.
Und schließlich die Katze in Polen: Dort heißt sie „kot“ und das könnte zu einigen unappetitlichen Verwechslungen führen.

Chat mit Chat. Den Engländern muss die französische Katze (le chat und la chatte) sehr gesprächig vorkommen, genauso wie uns im deutschsprachigen Raum. Bei uns hat man beim Chat einen Computer vor sich. Und wenn ich „chatte“, dann nicht mit einer weiblichen Katze, die im Französischen „la chatte“ heißt, sondern allenfalls mit ihrem Frauchen oder Herrchen. Andererseits, erzählt ein Franzose, seine Lieblingsbeschäftigung sei „jouer avec le chat“, heißt das noch lange nicht, dass er gern bei Online-Spielen chattet, sondern einfach nur, dass er eben gerne mit der

Chat mit le chat

Katze spielt. Das Chatten im Internet wäre im Französischen eine „bavardage“ oder „causette“, denn die Franzosen bedienen sich nicht der englischen Ausdrücke. Noch nicht einmal ihr Computer heißt Computer, sondern „ordinateur“.

Katze auf dem Catwalk.

Ein kleiner Katzenpfad, ein Steg, eine Laufplanke, der Laufsteg bei einer Modenschau – Catwalk kann vieles bedeuten. Was nicht damit gemeint ist, das ist der Katzengang als die typische Art einer Katze zu gehen. Und ebenfalls daneben liegt der, der einen Katzenspaziergang darunter versteht. Obwohl „to walk the cat“ einem englischsprachigen Au-Pair-Mädchen genau das nahelegt, nämlich die Katze Gassi zu führen wie einen Hund. Ein Masseur würde die Katze dagegen ordentlich durchkneten, durchwalken eben.

Das Besondere am Catwalk ist, dass Katzen gar nicht eigenfüßig darüber flanieren, weder bei einer Modenschau, noch bei einem Schönheitswettbewerb für Katzen. Auf einer richtigen Katzenschau gibt es noch nicht einmal einen Catwalk. Denn dort werden die Katzen auf einem Richtertisch begutachtet. Auf dem werden sie gehalten, und wer sich vorstellt, die Tiere würden sich selbst auf dem Tisch drehen und wenden und sich kokett präsentieren, der liegt schon wieder falsch. Das übernimmt nämlich der Showrichter, der die Katze von einem „Steward" gebracht bekommt, während der Züchter nur hoffen kann, dass sich seine Kandidatin wenigstens artig benimmt.

Flotte Miezen. Wie sehr sich Begriffe in 50 Jahren ändern können, zeigen viele Wörter aus der Miezekätzchen-Sprache. Wer den Katalog vom Pussy-Versand bestellt, wundert sich vielleicht, dass darin Kratzbäume und Spielzeug-Mäuse zu bestellen sind und überlegt, wie er das wohl zu Hause gebrauchen soll und wie seine Partnerin darauf reagieren würde.

Miss-Verständnis?

Auch die Muschis sind nicht mehr das, was sie einmal waren. Eine flotte Mieze beschwört auch nicht zwangsläufig das Bild eines Gepards als die schnellste Katze der Welt herauf. Eine Agility-Cat würde dem Begriff ebenso Ehre machen. Aber man findet die meisten flotten Miezen viel eher in Bars, wo sie allerdings kaum in Bewegung sind.

Katzenaugen und Katzenzungen.

Katzenaugen leuchten in der Dunkelheit, wenn Licht darauffällt. Deshalb heißen die Lichtreflektoren an Fahrrädern, Autos, Schultaschen, Jacken und vielen anderen Gegenständen ebenso. So einfach ist das mit dem Begriff „Katzenzungen" nicht. Am bekanntesten sind die Schokotäfelchen in der Form einer Katzenzunge. Echte Katzenzungen sollten damit möglichst keine Bekanntschaft machen, denn Schokolade ist für Katzen gefährlich, in größeren Mengen sogar tödlich. Andere süße Katzenzungen sind nicht aus Schokolade, sondern Bisquitteig, eine ursprünglich Holländische Spezialität (Kattetongen), bei der der Bisquitteig in „Zungen" aufs Blech gespritzt wird. Der Teig besteht aus 200 Gramm Butter, verrührt mit 200 Gramm Puderzucker und einem Esslöffel Milch, unter das der Eischnee von drei Eiern gehoben wird. Dann noch 200 Gramm Mehl hineinrühren, in den Spritzbeutel und Katzenzungen weit auseinander aufs Blech und bei 150 Grad zehn Minuten backen. Katzenzungen dürfen das dann auch nicht essen.
Katzenzungen ist auch Künstlern ein spezieller Begriff. Sie verstehen darunter einen weichen, abgerundeten Pinsel.
Und schließlich gibt es sogar ein Schloss, das so heißt: Castel Katzenzungen im Südtiroler Ort Tisens ist laut Prospekt „ein Ort zum Verweilen, mitten im Herzen Südtirols, auf einem vielversprechenden Hügel gelegen, einen „Katzensprung" von der Kurstadt Meran und der Landeshauptstadt Bozen entfernt." Heute ist es ein Hotel

Mmh... Katzenzunge

für „First Class Events", das heißt, die Reichen feiern dort diverse Anlässe und lassen dort viel Geld. Das Schloss Katzenzungen hat seinen Namen von Henricus de Cazenzunge, der 1244 erstmals als Besitzer erwähnt wurde. Unter Weinkennern ist es bekannt, weil dort der älteste und größte Weinstock Europas wächst. Die Rebe ist ca. 350 Jahre alt und bedeckt eine Fläche von 350 Quadratmetern.

Katzenpfote, Katzenschwanz und andere Katzenkräuter.

Die Katzenpfote ist eine exotische und in Europa seltene Staude (botanisch *Anigozanthos humilis*), die in West-Australien beheimatet ist. Sie ist eine schöne, kräftige, horstbildende Staude mit wollig behaarten Blüten, deren Farbnuancen von Orange über Gelb und Rot bis hin zu sattem Pink reichen. Man bekommt diese Pflanze nicht im Gartenmarkt, sondern nur über einen Spezialversand.

Der Katzenschwanz (botanisch: *Acalypha hispida*) ist dagegen eine hier bekannte Topfpflanze, die man auch „Fuchsschwanz" nennt. Sie gehört zu den Wolfsmilchgewächsen und stammt von den zum Australischen Archipel und Neu-Guinea gehörenden Südsee-Inseln mit tropisch-feuchtem und warmem Klima. Sie blüht den ganzen Frühling und Sommer über. Ihre Blätter sind häufig bunt, in Bronze- und Rottönen, aber auch mosaikartig gezeichnet. Vom März bis zum September bekommt die Pflanze auffallend rote, lange Blütenstände, die aus vielen kleinen Blüten zusammengesetzt sind. Die Blüten duften jedoch nicht und wenn ein Katzenschwanz verwelkt ist, wird er einfach abgeschnitten. Als Spielzeug für Katzen wäre ein solcher Katzenschwanz prima geeignet, jedoch: Wolfsmilchgewächse sind fast immer giftig und das Risiko zu groß, dass die Katze etwas davon frisst.

Damit nicht genug. Auch den Ackerschachtelhalm *(Equisetum arvense)* nennt man in manchen Regionen Katzenschwanz, wobei diese Pflanze noch viele weitere Namen hat: Zinnkraut, Kannenkraut, Reibwisch, Scheuergras, Scheuerkraut, Schafthalm, Pipenstal, Hollpiepen, Drunkelpfeifen, Jattenswans, Kattstert, Katzenwedel, Rattenschwanz und Fuchszagel.

Die Katze findet man noch in vielen weiteren Pflanzennamen. Der Baldrian heißt aus gutem Grund auch Katzenwurzel, weil viele Katzen auf den Geruch abfahren, als stünden sie unter Drogen, was vermutlich sogar der Fall ist, wenn man davon absieht, dass man nicht weiß, ob Baldrian eine Katze süchtig machen kann. Die Reaktion sieht ein wenig nach der Rolligkeit eines Weibchens aus und bei zu langem Kontakt kippt die Verzückung in Aggression um. Ähnlich,

nur gemäßigter, reagieren Katzen auf verschiedene Sorten der Katzenminze, die als „Catnip“ Spielzeug attraktiver macht.
Und schließlich kennt man auch Katzentraube (Mauerpfeffer), Katzenkraut (Brauner Weiderich), Katzenpfötchen, Katzenkorn (Gerste), Katzenpeterlein (Schierling) und einige mehr.

Die Katze im Pyjama. Im Englischen und Amerikanischen gibt es eine Menge Ausdrücke rund um die Katze, die im Deutschen wenig Sinn machen. Einige lassen sich erahnen, andere sind völlig ohne Zusammenhang. „The cat's pyjamas“ meint zum Beispiel „großartig“.
CAT in Großbuchstaben bedeutet als Abkürzung sowohl „computer-assisted trading“, also computergestützter Handel, als auch computergestützte Übersetzung (comp. ass. translation). Börsianer können

Großartig im Pyjama

mit dem Begriff „dead-cat bounce“, etwas anfangen. Es meint ein kurzes Aufbäumen der Kurse. Sportauto-Kenner wissen, auf welcher Kühlerhaube eine „Leaping Cat“ mitfährt, das Markenzeichen des Jaguars. In griechischen Dörfern gibt es viele „cats creeps“, nämlich verwinkelte Gassen, wo man die eine oder andere „alley cat“ (Streunerkatze) antrifft. „Alley cats“ in der Großstadt sind dann eher sogenannte Bordsteinschwalben oder genauer Straßenprostituierte.

Die Katze zwischen die Tauben setzen.

Wo bei uns der Hase läuft, springt in England die Katze. Wir grinsen wie Honigkuchenpferde, Briten wie eine Cheshire-Katze. Und so gibt es noch eine Reihe anderer Situationen, für die Katzen im Englischen eher unfreiwillig ihren Kopf hinhalten müssen. Ein kleines Lexikon:

To see how the cat jumps: Zu wissen, wie der Hase läuft (wörtlich: Sehen, wie die Katze springt).

To think one is the cat's whiskers: Sich für den Kaiser von China halten (wörtlich: Glauben, man sei der Katze Schnurrhaare).

To look like the cat that got the cream: Selbstzufrieden aussehen, (wörtlich: Aussehen wie die Katze, die die Sahne bekommen hat).

To put the cat among the pigeons: Unruhe stiften (wörtlich: Die Katze zwischen die Tauben setzen).

To look like the cat who ate the canary: selbstzufrieden aussehen (wörtlich: Aussehen wie die Katze, die den Kanarienvogel fraß).

Has the cat got your tongue? Hat's dir die Sprache verschlagen?

It's raining cats and dogs: Es regnet in Strömen (Es regnet Hunde und Katzen).

Cats and dogs: verrufene Wertpapiere an der Börse

Cattily: katzenhaft, böse, heimtückisch

Cattish: katzenhaft, gehässig

Unruhe stifen

Catty: katzenhaft, kätzisch, katzig, heimtückisch, gehässig

Cattail: Katzenschwanz, Rohrkolben, Schilf

Cat burglar: Fassadenkletterer, Klettermaxe

Cat's cradle: das Fadenspiel

Cat ice: dünne Eisschicht

Fat cat: der Bonze

Fraidy-cat oder scaredy cat: Angsthase, Hasenfuß

Snow cat: das Pistenfahrzeug, Pistenraupe

Cat-o'-nine-tails: neunschwänzige Katze

Catwalk: Laufsteg, Katzengang, Laufplanke

Ausdrücke, die auch noch gern verwechselt werden oder in dem Zusammenhang interessant sind:

catch: Fangen

Catcher: Fänger (Der Catcher = Wrestler)

catchier: schwieriger

Cattle: Vieh

Cattle crossing: Vorsicht Viehtrieb!

Tom cat, male cat: Kater, männliche Katze

Crapulence/crapulency: Kater, Katzenjammer, Sauferei, Völlerei

To have a hangover, to be hung-over: einen Kater haben

Muscle ache: Muskelkater

Man soll keine schlafenden Katzen wecken.

Katzen? Das sind doch die schlafenden Hunde, die man nicht wecken soll. Im Deutschen ja, aber nicht im Französischen. Dort heißt es „Ne réveillez pas le chat qui dort". Bei unseren Nachbarn fürchtet man offenbar eher die Krallen einer unsanft geweckten Katze als einen um sich schnappenden Hund. Gemeint ist jedoch das Gleiche wie im Deutschen: Lieber schweigen, als eine Lawine von unübersehbaren Folgen lostreten. Im Französischen gibt es wie bei uns und im Englischen auch „die Katze im Sack kaufen" (acheter chat en poche), oder „sich wie Hund und Katze verstehen" (s'entendre comme chien et chat), oder auch das „Katzenauge" (œil-de-chat). Ulkig ist dagegen, dass man in Frankreich keinen „Frosch im Hals", sondern eine „Katze im Hals" (avoir un chat dans la gorge) hat. Und so gibt es tatsächlich viele Redewendungen, in denen uns im Französischen die Katze begegnet:

Appeler un chat un chat: Das Kind beim rechten Namen nennen (wörtlich: Eine Katze Katze nennen).

Je donne ma langue au chat: Ich geb's auf (wörtlich: Ich gebe meine Sprache der Katze).

Auch: *Donner sa langue au chat:* das Raten aufgeben.

Chat échaudé craint l'eau froide: Gebranntes Kind scheut das Feuer (wörtlich: Gebrannte Katze scheut das Feuer).

Il n'y a pas de quoi fouetter un chat: Das ist halb so wild. Da ist nichts dabei (wörtlich: Es gibt keinen Grund, die Katze auszupeitschen).

Verwechslungen sind auch möglich bei:

chat-huant: Kauz, Waldkauz

poisson-chat: Katzenfisch, Waller, Wels

dos de chat: Katzenbuckel

Matou oder chat: Kater

Avoir la gueule de bois, oder: avoir mal aux cheveux: Einen Kater haben.

Cafard, déprime: Katzenjammer

Courbature: Muskelkater

Ich danke

• meiner Familie, dass sie mich vom Schreibtisch weggezerrt und auf Trab gehalten hat und somit verhinderte, dass ich beim Schreiben nebenher Schokolade schaufelnd das füllige Format meiner Katze angenommen habe,

• Joanie, Christine und Uli für das Korrekturlesen und bei Laune halten,

• meinem Mann für seine korrigierenden Eingriffe und Ratschläge,

• sowie den Lektorinnen Ute Schmalfuß und Claudia Salata für ihre Geduld mit mir und dem Fotografen Holger Karl aus Köln für seine Geduld mit meinen Katzen.

• Petra Remen für die niedlichen Zeichnungen.

Meine Lieblingszeichnung ist übrigens die plattgewalzte Katze auf der Massagebank!

Mein Dank gilt auch Mini und Lili,

unseren beiden Hauskatzen,die mir immer wieder zeigen, wie sehr man sich doch bei Katzen irren kann.

Nie hätte ich gedacht, dass ich einmal einen ausgewachsenen Kater namens „Mini“ haben würde. Denn wie hörte sich das doch albern an, wenn ein Riesenbrummer von Kater SO gerufen wird! Mini jedoch ist ein spinnenbeindünnes Fliegewichtel geblieben.

Zum dicken Brummer entwickelte sich stattdessen Lili, unsere einst schlanke, hübsche Katze. Dass ausgerechnet sie ein solches Format annehmen würde!

Katzen eben! Sie sind nie ganz zu begreifen und auch in 111 Irrtümern noch nicht ganz enttarnt. Ein Restirrtum bleibt vielleicht immer und deshalb jetzt noch ganz zum Schluss:

Irrtum nicht ausgeschlossen!

Auch in einem Buch über Irrtümer können sich Irrtümer einschleichen, hinter denen sich irrtümlich eine Wahrheit verbirgt, die vielleicht noch so jung ist, dass ich sie bei meinen Recherchen noch nicht fand. So bitte ich Sie um irre Nachsicht, pardon um Ihre Nachsicht, sollte doch wahrhaftig zwischen all den Irrtümern eine als Irrtum getarnte Wahrheit stecken. In dem Fall bin ich wahrscheinlich einem Irrtum erlegen, aber ich kann mich jetzt natürlich auch irren. Alles klar?

Isabella Lauer

Zum Weiterlesen ...

... finden Sie hier eine Auswahl an Katzenbüchern aus dem KOSMOS-Verlag

Verhalten

Bailey, Gwen: **Was denkt meine Katze.** Katzenverhalten auf einen Blick.
Anhand von zahlreichen Fotos erklärt Verhaltensforscherin Gwen Bailey typisches Katzenverhalten. So lernen Sie die Gedanken Ihrer Katze zu „lesen" und sie noch besser zu verstehen.

Bessant, Claire: **Die Geheimnisse der Katzensprache.**
Lernen Sie Ihre Katze verstehen und mit ihr zu kommunizieren.
Was antworten Sie, wenn Ihre Katze „Miau" sagt? Claire Bessant öffnet in diesem Buch die Tür zur Welt der Katzensprache. Sie zeigt, wie Katzen miteinander kommunizieren, und erklärt, wie auch jeder Katzenbesitzer in einen einfachen Dialog mit seiner Katze treten kann.

Bohnenkamp, Gwen und Dr. Renate Jones: **Was Katzen wirklich brauchen.** Verhalten verstehen und Probleme lösen.
Für Katzen ganz natürliche Verhaltensweisen können im Zusammenleben mit ihren Menschen Missverständnisse und Konflikte auslösen. Die langjährigen Erfahrungen und die praxiserprobten Ratschläge der Autorinnen helfen, das Verhalten der Katze besser zu verstehen und richtig darauf zu reagieren.

Halls, Vicky: **Die Katzenflüsterin.** Erfolgreiche Kommunikation, vertrauensvolles Miteinander.
Katzenflüsterer müsste man sein ... Nicht einfacher als das! Großbritanniens bekannteste Katzenflüsterin verrät, wie es geht: Mit Vicky Halls' Wissen, Ihren Tipps und Ratschlägen gelingt das verständnisvolle und harmonische Miteinander von Mensch und Katze.

Johnson, Pam: **Katzenpsychologie.** Ratschläge und Erfahrungen einer Katzentherapeutin.
Pam Johnson schöpft aus ihrer langjährigen Erfahrung mit Katzenproblemen und Problemkatzen aller Art. Einleuchtend und leicht nachvollziehbar erklärt sie die Ursachen für mögliche Probleme und Missverständnisse und gibt präzise Ratschläge zur Lösung, die jeder umsetzen kann.

Lauer, Isabella: **Warum Katzen immer auf den Pfoten landen.**
222 Fragen und Antworten rund um die Katze.
Kann eine Katze Gedanken lesen? Bekommt sie Höhenangst? Und warum sollte man einer Katze nie tief in die Augen schauen? Isabella Lauer beschreibt sachkundig und mit einem Augenzwinkern, wie Katzen wirklich sind.

Lauer, Isabella: **Wenn Katzen reden könnten.** Verhalten und Körpersprache verstehen.
Dieses Buch erzählt vom ganz normalen Katzenverhalten, aber auch von Ausnahmen, von kätzischer Sturheit und Unentschlossenheit, von flinken Mäusejägern und pelzgewordenen Trägheiten, von hingebungsvollen Schmusetigern und coolen Cats.

Leyhausen, Paul: **Katzenseele.** Wesen und Sozialverhalten.
Prof. Paul Leyhausen – der *Katzen-Experte: Mehr als 40 Jahre hat er Katzen und ihre frei lebenden Verwandten erforscht. Hier beschreibt er das Verhalten unserer Katzen wissenschaftlich fundiert und verständlich zugleich.*

Seidl, Denise: **Wenn meine Katze Probleme macht.** Katzenverhalten verstehen, Probleme lösen.
Sie schärft die Krallen an der Couch, sie „jagt“ Füße statt Mäuse und verfehlt gezielt die Katzentoilette? Denise Seidl erklärt die Ursachen für diese „Macken“ und hilft, das Verhalten Ihrer Katze wieder in die richtigen Bahnen zu lenken.

Turner, Dennis C. Turner: **Katzen lieben und verstehen.** Ein humorvoller Wegweiser für Katzenfreunde. Mit 50 tierisch ernsten Katzencartoons von Fluvio Federi.
Eine augenzwinkernde Katzenkunde – ebenso humorvoll wie nützlich. Ein Buch, das jeder Katzenfan haben oder geschenkt bekommen sollte!

Turner, Dennis C.: **Turners Katzenbuch.** Wie Katzen sind, was Katzen wollen – Der Weg zu einer glücklichen Beziehung.
Ein umfassendes Werk, dass jeden Halter mit zahlreichen Fakten, praktischen Tipps und kuriosen Eigenarten der geliebten Samtpfoten in Saunen versetzt, besseres Verständnis für manche Verhaltensweisen weckt und den Weg für eine rundum harmonische Beziehung zwischen Mensch und Katze bereitet.

Haltung

Lauer, Isabella: **Meine Katze.**
Das Rundum-Wohlfühl-Prgramm für ein gesundes, zufriedenes Katzenleben: übersichtlich, informativ, mit Farbcode zur leichteren Orientierung, interessanten Infokästen, Checklisten, Extras für Kinder und Profitipps von Kosmos-Experten.

Lauer, Isabell: **Zwei Katzen – doppeltes Glück.** Auswahl, Eingewöhnung und harmonisches Zusammenleben.
Wer mit dem Gedanken spielt, zu seinem Stubentiger einen zweiten zu gesellen oder das Katzenglück gleich von Anfang an im Doppelpack genießen will, findet in diesem Buch Antwort auf allen Fragen: Wer passt zu wem? Wie gewöhne ich die neue Katze ein? Wie schlichte ich Streit?

Seidl, Denise: **Mit Katzen leben.** Richtig pflegen, füttern und beschäftigen.
Katzen haben viele Seiten: Sie wollen spielen, jagen, streunen und genießen. Um dem gerecht zu werden, findet man in diesem Buch alles, was eine Katze glücklich macht: Fütterungstipps und Pflegehinweise, tolle Spielideen, Wohlfühlparadiese und Katzen-Agility.

Gesundheit

Becvar, Dr. med. Vet. Dr. Wolfgang: **Naturheilkunde für Katzen.** Grundlagen, Methoden, Krankheitsbilder.
Die sanften Heilweisen der Naturmedizin für unsere Katzen – ihre Erfolge sprechen für sich: Von der Behandlung von leichtem Unwohlsein über die Gesundheitsvorsorge bis hin zur Unterstützung der klassischen Medizin finden sich in der Naturheilkunde immer die passenden Methoden.

Brehmer, Marion: **Bachblüten für die Katzenseele.** Alle Blüten und Mischungen für Gesundheit, Ausgeglichenheit und Wohlbefinden. Mit Analysebogen.
Launische Mieze, Panik beim Tierarzt oder Streit mit dem Katzenkumpel? Bach-Blüten können bei unerwünschtem Verhalten wesentlich zur Besserung und Lösung des Problems beitragen und haben einen positiven und ausgleichenden Einfluss auf Persönlichkeit und Gemütszustand der Katze.

Tellington-Jones, Linda: **TTouch® für Katzen.** Sanft und liebevoll berühren – der neue Weg zu Harmonie, Gesundheit und Wohlgefühl.
Die heilende Kraft der Hände: Kreisende und streichende Berührungen – die Tellingtone TTouches – sind der Schlüssel für eine vertraute Beziehung, intensives Wohlbefinden und stabile Gesundheit. Das Praxisbuch für alle Katzenfreunde.

… und Weiterclicken

… hier einige spannende Internet-Seiten rundum – und ganz sicher nicht für – die Katz'.

www.weltderkatzen.de
„Dieses Internetprojekt dient der Information über Katzen, gleich ob sie am heimischen Ofen oder in ferner Savanne leben", beschreibt sich diese Seite selbst. Hier finden Sie alles über Groß-, Haus-, Schmuse- oder Rassekatzen, von der Biologie bis hin zum Aberglauben.

www.geliebte-katze.de
Hier präsentiert sich Europas größtes Katzenmagazin online mit dickem Info-Paket, Unterhaltung rund um die Katze sowie Foren und Blogs für einen spannenden Informations-Austausch unter allen Katzenfans.

www.katze-und-du.at
„Das unabhängige Online-Katzemagazine" mit zahlreichen Rubriken wie Top News, Katzen-Rassen, Verhalten der Katzen oder auch Astrologie für Katzen.

www.katzenplatz.info
Die Homepage der Katzenhilfe Riedstadt biete neben vielen Informationen zum Thema Katzenschutz und einer Übersicht der beliebtesten Irrtümer eine gute Links-Sammlung zu vielen anderen interessanten Seiten rund um die Katze.

www.vet-magazin.com
Im „unabhängigen Magazin für die Veterinärmedizin" finden auch Laien neben Gesundheitsthemen interessante und verständliche Beiträge rund um die Mensch-Tier-Beziehung und zur Verhaltensmedizin.

Register

Impressum

Mit 49 Schwarzweiß-Cartoons von Petra Remen.

Umschlag von eStudio Calamar unter Verwendung einer Farbzeichnung von Susanne Straßer und eines Fotos von Holger Karl.

Alle Angaben in diesem Buch erfolgen nach bestem Wissen und Gewissen. Sorgfalt bei der Umsetzung ist indes dennoch geboten. Der Verlag und die Autorin übernehmen keinerlei Haftung für Personen-, Sach- oder Vermögensschäden, die aus der Anwendung der vorgestellten Materialien und Methoden entstehen könnten.

Unser gesamtes lieferbares Programm und viele weitere Informationen zu unseren Büchern, Spielen, Experimentierkästen, DVDs, Autoren und Aktivitäten finden Sie unter **www.kosmos.de**

Gedruckt auf chlorfrei gebleichtem Papier

ISBN 978-3-440-10716-4
Redaktion: Ute-Kristin Schmalfuß, Claudia Salata
Gestaltung: DOPPELPUNKT Auch & Grätzbach GbR, Stuttgart
Produktion: Eva Schmidt
Printed in the Czech Republic / Imprimé en République Tchèque